Katharina Walter

W0412570

Französisch an Stationen

Übungsmaterial zu den Kernthemen der Bildungsstandards

1. Lernjahr

Auer Verlag

Die Herausgeber:

Marco Bettner: Rektor als Ausbildungsleiter, Haupt- und Realschullehrer, Referent in der Lehrerfort- und Lehrerweiterbildung

Dr. Erik Dinges: Rektor einer Förderschule für Lernhilfe, Referent in der Lehrerfort- und Lehrerweiterbildung

Die Autorin:

Katharina Walter: Fachlehrerin für Französisch und Englisch in der Sekundarstufe I, zahlreiche Veröffentlichungen

Gedruckt auf umweltbewusst gefertigtem, chlorfrei gebleichtem und alterungsbeständigem Papier.

1. Auflage 2012
Nach den seit 2006 amtlich gültigen Regelungen der Rechtschreibung
© Auer Verlag
AAP Lehrerfachverlage GmbH, Donauwörth
Alle Rechte vorbehalten
Das Werk und seine Teile sind urheberrechtlich geschützt. Jede Nutzung in anderen als den gesetzlich zugelassenen Fällen bedarf der vorherigen schriftlichen Einwilligung des Verlages.
Hinweis zu § 52a UrhG: Weder das Werk noch seine Teile dürfen ohne eine solche Einwilligung eingescannt und in ein Netzwerk eingestellt werden. Dies gilt auch für Intranets von Schulen und sonstigen Bildungseinrichtungen.
Illustrationen: Corina Beurenmeister, Hendrik Kranenberg, Stefan Lohr, Steffen Jähde, Fotolia
Satz: krauß-verlagsservice, Augsburg
Druck und Bindung: Druckerei Joh. Walch GmbH & Co. KG
ISBN 978-3-403-**06803**-7

www.auer-verlag.de

Inhaltsverzeichnis

Vorwort

Bei den vorliegenden Stationsarbeiten handelt es sich um eine Arbeitsform, bei der unterschiedliche Lernvoraussetzungen, unterschiedliche Zugänge und Betrachtungsweisen und unterschiedliche Lern- und Arbeitstempi der Schüler[1] Berücksichtigung finden. Die Grundidee ist, den Schülern einzelne Arbeitsstationen anzubieten, an denen sie gleichzeitig selbstständig arbeiten können. Die Reihenfolge des Bearbeitens der Einzelstationen ist dabei ebenso frei wählbar wie das Arbeitstempo und meist auch die Sozialform.

Als dominierende Unterrichtsprinzipien sind bei allen Stationen die Schülerorientierung und Handlungsorientierung aufzuführen. Schülerorientierung bedeutet, dass der Lehrer in den Hintergrund tritt und nicht mehr im Mittelpunkt der Interaktion steht. Er wird zum Beobachter, Berater und Moderator.

Seine Aufgabe ist nicht das Strukturieren und Darbieten des Lerngegenstandes in kleinsten Schritten, sondern durch die vorbereiteten Stationen eine Lernatmosphäre zu schaffen, in der Schüler sich Unterrichtsinhalte eigenständig erarbeiten bzw. Lerninhalte festigen und vertiefen können.

Handlungsorientierung bedeutet, dass das angebotene Material und die Arbeitsaufträge für sich selbst sprechen. Der Unterrichtsgegenstand und die zu gewinnenden Erkenntnisse werden nicht durch den Lehrer dargeboten, sondern durch die Auseinandersetzung mit dem Material und die eigene Tätigkeit gewonnen und begriffen.

Ziel der Veröffentlichung ist, wie bereits oben angesprochen, das Anknüpfen an unterschiedliche Lernvoraussetzungen der Schüler. Jeder Einzelne erhält seinen eigenen Zugang zum inhaltlichen Lernstoff. Die einzelnen Stationen ermöglichen das Lernen mit allen Sinnen bzw. den verschiedenen Eingangskanälen. Dabei werden sowohl visuelle (sehorientierte) als auch haptische (fühlorientierte) sowie intellektuelle Lerntypen angesprochen. An dieser Stelle werden auch gleichermaßen die Brunerschen Repräsentationsebenen (enaktiv bzw. handelnd, ikonisch bzw. visuell und symbolisch) mit einbezogen. Aus Ergebnissen der Wissenschaft ist bekannt: Je mehr Eingangskanäle angesprochen werden, umso besser und langfristiger wird Wissen gespeichert und damit umso fester verankert.

Das vorliegende Arbeitsheft unterstützt in diesem Zusammenhang das Erinnerungsvermögen, das nicht nur an Einzelheiten und Begriffe geknüpft ist, sondern häufig auch an die Lernsituation.

Folgende Inhalte des Französischunterrichts werden innerhalb der verschiedenen Stationen behandelt:

- A la maison (le présent)
- Les activités (le futur composé)
- A l'école
- Préparons une fête
- Les nombres, l'heure et l'année
- Les questions (qui, que, quand, où, pourquoi, quel, comment)
- Les thèmes mélangés (les articles, à la/au/aux, de la/du/des, les pronoms personnels, les couleurs, le corps, les vêtements, les adjectifs possessifs)

---

[1] Aufgrund der besseren Lesbarkeit werden in diesem Buch ausschließlich die männlichen Formen verwendet. Wenn von Schüler gesprochen wird, ist auch immer die Schülerin gemeint, ebenso verhält es sich mit Lehrer und Lehrerin etc.

Materialaufstellung und Hinweise zu den einzelnen Stationen

A la maison

Die Seiten 9–21 sind in entsprechender Anzahl zu vervielfältigen und den Schülern bereitzulegen. Als Möglichkeit zur Selbstkontrolle können Lösungsseiten erstellt werden. Manchmal sind auch offene Aufgaben mit individuellen Lösungen vorhanden, die dann im Plenum besprochen werden sollten.

S. 9	Station 1	**Ma journée:** Stift
S. 10	Station 2	**Qu'est-ce qu'on fait aujourd'hui?:** Stift, Heft
S. 11	Station 3	**Je ne suis pas à la maison:** Stift, Heft, Blatt Papier
S. 12	Station 4	**Tu aimes ça?:** Stift, Heft
S. 13	Station 5	**La famille:** Blatt Papier, Stift, Klebestift, Schere
S. 15	Station 6	**Ma famille et moi:** Stift, Heft, Blatt Papier
S. 16	Station 7	**Les relations**: Stift, Heft
S. 17	Station 8	**Ma chambre:** Stift, Heft
S. 18	Station 9	**Avoir et être:** Stift
S. 19	Station 10	**Les verbes:** Stift
S. 20	Station 11	**La maison:** Stift, Heft
S. 21	Station 12	**Les animaux:** Stift, Lehrer schneidet Domino-Kärtchen aus und legt sie in einem Umschlag an der Station aus

Les activités

Die Seiten 23 und 25–30 sind in entsprechender Anzahl zu vervielfältigen und den Schülern bereitzulegen. Als Möglichkeit zur Selbstkontrolle können Lösungsseiten erstellt werden. Manchmal sind auch offene Aufgaben mit individuellen Lösungen vorhanden, die dann im Plenum besprochen werden sollten.

S. 23	Station 1	**Aller et les choses à faire:** Stift, Heft, Lehrer schneidet Memory®-Kärtchen aus und legt sie in einem Umschlag an der Station aus
S. 25	Station 2	**Je vais jouer au foot:** Stift, Heft
S. 26	Station 3	**Je ne vais pas le rencontrer:** Stift, Heft
S. 27	Station 4	**Les activités sportives:** Stift, Heft
S. 28	Station 5	**Mon activité préférée:** Stift, Heft
S. 30	Station 6	**Mes hobbies:** Stift, Heft

A l'école

Die Seiten 31–33, 35 und 37–41 sind in entsprechender Anzahl zu vervielfältigen und den Schülern bereitzulegen. Als Möglichkeit zur Selbstkontrolle können Lösungsseiten erstellt werden. Manchmal sind auch offene Aufgaben mit individuellen Lösungen vorhanden, die dann im Plenum besprochen werden sollten.

S. 31	Station 1	**La fourniture scolaire:** Stift, Heft, Materialbeutel mit Schulsachen, Lösungszettel, auf dem die Dinge auf Französisch benannt werden
S. 32	Station 2	**L'école en France:** Stift, Heft
S. 33	Station 3	**Notre collège:** Stift, Heft, Lehrer schneidet Memory®-Kärtchen aus und legt sie in einem Umschlag an der Station aus
S. 35	Station 4	**Dans la classe:** Stift, Heft, Lehrer schneidet Domino-Kärtchen aus und legt sie in einem Umschlag an der Station aus
S. 37	Station 5	**Parlons en classe I:** Stift, Heft, Vokabelheft
S. 38	Station 6	**Parlons en classe II:** Stift, Heft
S. 40	Station 7	**Dans le gymnase:** Vokabelheft, Stift, Materialbeutel mit Sportsachen
S. 41	Station 8	**Le nouveau professeur de maths:** Stift, Heft

Préparons une fête

Die Seiten 42–48 sind in entsprechender Anzahl zu vervielfältigen und den Schülern bereitzulegen. Als Möglichkeit zur Selbstkontrolle können Lösungsseiten erstellt werden. Manchmal sind auch offene Aufgaben mit individuellen Lösungen vorhanden, die dann im Plenum besprochen werden sollten.

S. 42	Station 1	**Faisons les courses:** Kassettenrekorder, Mikrofon
S. 43	Station 2	**Au supermarché:** Stift, Heft, Vokabelheft, Wörterbuch
S. 45	Station 3	**Au marché:** Stift, Heft, Vokabelheft, Wörterbuch
S. 46	Station 4	**Une invitation:** Stift, Heft
S. 47	Station 5	**Ma fête:** Stift, Heft, Wörterbuch

Les nombres, l'heure et l'année

Die Seiten 49, 51–54, 56, 57 und 59 sind in entsprechender Anzahl zu vervielfältigen und den Schülern bereitzulegen. Als Möglichkeit zur Selbstkontrolle können Lösungsseiten erstellt werden. Manchmal sind auch offene Aufgaben mit individuellen Lösungen vorhanden, die dann im Plenum besprochen werden sollten.

S. 49	Station 1	**Les nombres de 1–100:** Stift, Lehrer schneidet Domino-Kärtchen aus und legt sie in einem Umschlag an der Station aus
S. 52	Station 2	**Les nombres de 100–1 000:** Stift, Heft, Blatt Papier
S. 53	Station 3	**Les nombres ordinaux:** Stift, Heft
S. 54	Station 4	**Quelle heure est-il?:** Stift, Heft, Lehrer schneidet Uhr aus und legt sie an der Station aus
S. 56	Station 5	**Ma journée ordinaire:** Stift, Heft
S. 57	Station 6	**Ma semaine:** Stift, Heft
S. 59	Station 7	**Les mois de l'année:** Stift

Les questions

Die Seiten 60–69 sind in entsprechender Anzahl zu vervielfältigen und den Schülern bereitzulegen. Als Möglichkeit zur Selbstkontrolle können Lösungsseiten erstellt werden. Manchmal sind auch offene Aufgaben mit individuellen Lösungen vorhanden, die dann im Plenum besprochen werden sollten.

S. 60	Station 1	**Qui est-ce?:** Stift, Heft
S. 61	Station 2	**Qu'est-ce que c'est?:** Stift, Heft
S. 62	Station 3	**Quand est-ce qu'il arrive?:** Stift, Heft
S. 63	Station 4	**Pourquoi est-ce qu'il ne vient pas?:** Stift, Heft
S. 64	Station 5	**Comment ça va?:** Stift, Heft
S. 65	Station 6	**Où sont mes chaussures?:** Stift, Heft
S. 66	Station 7	**Quel est ton livre préféré?:** Stift, Heft
S. 67	Station 8	**Est-ce que ...:** Stift, Heft
S. 69	Station 9	**Les questions:** Stift, Heft

Les thèmes mélangés

Die Seiten 70–72, 75–79 und 81 sind in entsprechender Anzahl zu vervielfältigen und den Schülern bereitzulegen. Als Möglichkeit zur Selbstkontrolle können Lösungsseiten erstellt werden. Manchmal sind auch offene Aufgaben mit individuellen Lösungen vorhanden, die dann im Plenum besprochen werden sollten.

S. 70	Station 1	**Les articles:** Stift, Heft
S. 71	Station 2	**A la/à l'/au/aux:** Stift, Heft
S. 72	Station 3	**De la/de l'/du/des:** Stift, Heft
S. 75	Station 4	**Les pronoms personnels:** Stift
S. 76	Station 5	**Les couleurs:** Stift, Heft
S. 77	Station 6	**Le corps I:** Stift
S. 78	Station 7	**Le corps II:** Stift
S. 79	Station 8	**Les vêtements:** Stift, Lehrer schneidet Domino-Kärtchen aus und legt sie in einem Umschlag an der Station aus
S. 81	Station 9	**Les adjectifs possessifs:** Stift

Fiche de bord

pour ____

Stations obligatoires

Numéro de la station	accomplie	contrôlée
numéro ______		
numéro ______		
numéro ______		
numéro ______		
numéro ______		
numéro ______		
numéro ______		
numéro ______		
numéro ______		

Stations facultatives

Numéro de la station	accomplie	contrôlée
numéro ______		
numéro ______		
numéro ______		
numéro ______		
numéro ______		

Katharina Walter: Französisch an Stationen – 1. Lernjahr © Auer Verlag – AAP Lehrerfachverlage GmbH, Donauwörth

Station 1

Ma journée

Name: ____________

Exercice

Remplis les lacunes avec les verbes qui manquent.

avoir (3x) aller (3x) regarder jouer rentrer
discuter faire (3x) participer prendre
pouvoir rencontrer manger commencer arriver
devoir être quitter

A six heures du matin, je ______________ (gehen) à la salle de bains et je ______________ (nehmen) une douche. Je ______________ (verlassen) la maison à sept heures moins dix. A sept heures et quart, j(e) ______________ (ankommen) au collège.

La première heure de cours ______________ (anfangen) à huit heures. Après la première heure de cours, on ______________ (haben) une petite récréation de cinq minutes. Après, nous ______________ (haben) allemand et anglais et après, une grande récré de 30 minutes. Après les cours, nous ______________ (müssen) nettoyer notre salle de classe. L'après-midi, nous ______________ (haben) la possibilité de ______________ (machen) du sport ou de ______________ (teilnehmen) aux clubs. Entre midi et une heure, on ______________ (machen) une pause, on ______________ (reden) avec les copains ou on ______________ (spielen) au ping-pong.

A quatre heures, nous ______________ (können) prendre le bus pour ______________ (zurückfahren) à la maison. Puis je ______________ (machen) mes devoirs jusqu'à cinq ou six heures. Après, je ______________ (treffen) mes copains pendant une heure et on ______________ (essen) en famille à sept heures. Je ne ______________ (gehen) pas au lit très tard. On ______________ (schauen) la télé ensemble et à neuf heures, je ______________ (sein) très fatigué et mon frère et moi, nous ______________ (gehen) au lit.

Katharina Walter: Französisch an Stationen – 1. Lernjahr © Auer Verlag – AAP Lehrerfachverlage GmbH, Donauwörth

Station 2

Qu'est-ce qu'on fait aujourd'hui?

Name: ______________________

Exercice 1

Note ce que les enfants font aujourd'hui. Ecris les phrases dans ton cahier.

Marie et Camille	Jacques	Pauline	Paul et Marc
aller en ville	téléphoner à Pierre	rencontrer ses amis	regarder la télé

Exercice 2

Demande à ton partenaire ce que sa famille fait aujourd'hui.
Ecris les réponses dans ton cahier.

Exercice 3

Qu'est-ce que Pierre fait aujourd'hui? Ecris des phrases dans ton cahier.

1.  les Beatles
2. 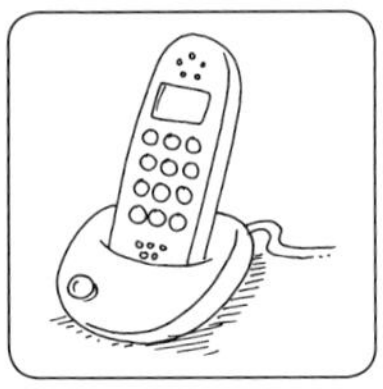 Jean
3.  son vélo
4.  avec Jean
5.  pour maman

Katharina Walter: Französisch an Stationen – 1. Lernjahr © Auer Verlag – AAP Lehrerfachverlage GmbH, Donauwörth

Station 3

Name: ______________

Je ne suis pas à la maison

Exercice 1

Comment fonctionne la négation française? Formule la règle en allemand.

Exercice 2

Réponds aux questions. La réponse est toujours *non*. Ecris les phrases dans ton cahier.

1. Est-ce que tu es à la maison?
2. Est-ce qu'on joue au foot ensemble?
3. Tu as des devoirs pour aujourd'hui?
4. On mange ensemble?
5. Vous êtes dans la chambre de Pierre?
6. Est-ce qu'il habite dans ta rue?
7. Est-ce que les filles sont dans le jardin?
8. Tu as soif?
9. Tu aimes jouer au tennis?
10. Est-ce que tu as des frères et sœurs?

Exercice 3

Jouez en groupe de quatre ou cinq.

Chacun écrit un verbe d'activité sur un papier.
Un élève tire un papier et mime l'activité.
Les autres doivent deviner le verbe.
Celui qui devine l'activité montrée mime la prochaine activité.

Ex.: *Est-ce que tu «joues»? – Non, ce n'est pas «jouer». / Oui, c'est «jouer».*

Katharina Walter: Französisch an Stationen – 1. Lernjahr © Auer Verlag – AAP Lehrerfachverlage GmbH, Donauwörth

Station 4

Name: ______________________

Tu aimes ça?

Exercice 1

Qu'est-ce que les enfants aiment? Ecris les questions et les réponses dans ton cahier.

Ex.: *Qu'est-ce que Pierre aime? – Il aime les … / Il aime/adore/déteste …*

1. aimer + nom
   les films (Pierre)
   les livres (Sarah)
   les BD (Jeanne et Marc)
   les chansons (les filles)
   les oranges (maman)
   les fruits (M. Levois)
   l'ordinateur (Tom et Lucas)
   Berlin (ta famille)

2. aimer + verbe
   regarder la télé (Sandra)
   lire (les garçons)
   jouer au foot (Marie)
   danser (ma tante)
   aller à la piscine (les Gernod)
   dormir (les enfants)

3. adorer + détester
   ☺ les chats et les chiens (mon père)
   ☹ le dimanche (mes sœurs)
   ☺ les tomates (Jean)
   ☹ les artichauts (Tom et Julie)
   ☺ les maths (Sarah et Marie)
   ☹ la chimie (la classe)

+ Exercice 2

Qu'est-ce que ton partenaire aime/adore/déteste?
Ecris tes questions (*Est-ce que tu aimes/adores/détestes …?*) et ses réponses (*Oui, j'aime/j'adore/je déteste … / Non, je n'aime pas …*) dans ton cahier.

Exercice 3

Et toi? Qu'est-ce que tu aimes/détestes/adores? Ecris dix phrases dans ton cahier.

Katharina Walter: Französisch an Stationen – 1. Lernjahr © Auer Verlag – AAP Lehrerfachverlage GmbH, Donauwörth

Station 5

La famille

Name: ____________________

Exercice 1

Découpez les cartes du Memory® et jouez.

Exercice 2

Choisissez des mots qui appartiennent au champ lexical de la famille. Jouez au pendu (Galgenmännchen) ensemble. Devine les mots de ton partenaire. Chacun de vous joue trois fois.

Exercice 3

Trouve les cartes du Memory® qui vont ensemble et colle-les dans ton cahier d'exercice.

Exercice 4

Traduis les mots en français. Trouve aussi l'article indéfini correct.

1. Mutter _ _ _ _ (*une*)
2. Vater _ _ _ _ (_____)
3. Schwester _ _ _ _ _ (_____)
4. Bruder _ _ _ _ _ (_____)
5. Mädchen _ _ _ _ _ (_____)
6. Junge _ _ _ _ _ _ (_____)
7. Großmutter _ _ _ _ _ – _ _ _ _ (_____)
8. Großvater _ _ _ _ _ – _ _ _ _ (_____)
9. Tante _ _ _ _ _ (_____)
10. Onkel _ _ _ _ _ (_____)
11. Nichte _ _ _ _ _ (_____)
12. Neffe _ _ _ _ _ (_____)

Katharina Walter: Französisch an Stationen – 1. Lernjahr © Auer Verlag – AAP Lehrerfachverlage GmbH, Donauwörth

Station 5

Name: ____________________

Memory®

Découpez les cartes du Memory®.

nièce	mère	cousin	grand-père
Großvater	Cousin	Mutter	Vater
Neffe	Groß-mutter	grand-mère	neveu
oncle	père	Nichte	Onkel
maman	papa	Tante	Cousine
tante	Mama	cousine	Papa

Katharina Walter: Französisch an Stationen – 1. Lernjahr © Auer Verlag – AAP Lehrerfachverlage GmbH, Donauwörth

Station 6

Name: ______________________

Ma famille et moi

Exercice 1

Ecris l'arbre généalogique de ta famille sur une feuille à part.
Prends cet arbre comme exemple.

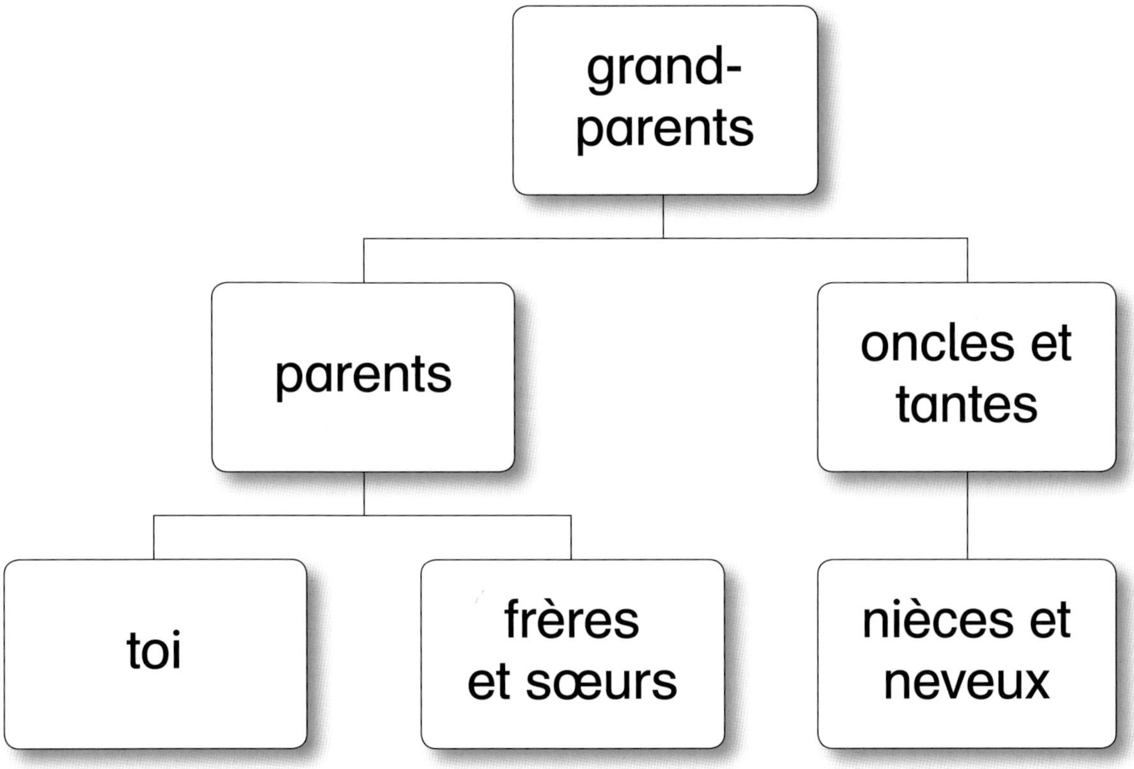

Exercice 2

Pose les questions suivantes à ton partenaire et écris ses réponses dans ton cahier d'exercice.

1. Comment s'appelle ton père?
2. Est-ce que tu as des frères et sœurs?
3. Quel âge a ton grand-père / ont tes grands-pères?
4. Est-ce que tu as un oncle ou une tante? Comment est-ce qu'ils s'appellent?
5. Comment s'appelle ta mère?

Katharina Walter: Französisch an Stationen – 1. Lernjahr © Auer Verlag – AAP Lehrerfachverlage GmbH, Donauwörth

Station 7

Les relations

Name: ______________________

Exercice 1

Complète les phrases.

1. Thomas est ______________________ de Jean et Jeanne.
   (der Vater)
2. Sandra est ______________________ de Jean et Jeanne.
   (die Mutter)
3. Thomas et Sandra sont ______________________ de Jean et Jeanne.
   (die Eltern)
4. Jean est ______________________ de Jeanne.
   (der Bruder)
5. Jeanne est ______________________ de Jean.
   (die Schwester)
6. Roman est ______________________ de Jean et Jeanne.
   (der Großvater, der Opa)
7. Marie est ______________________ de Jean et Jeanne.
   (die Großmutter, die Oma)
8. Roman et Marie sont ______________________ de Jean et Jeanne.
   (die Großeltern)
9. Elodie est ______________________ de Jean et Jeanne.
   (die Tante)
10. Paul est ______________________ de Jean et Jeanne.
    (der Onkel)
11. Melanie est ______________________ de Jean et Jeanne.
    (die Cousine)
12. Olivier est ______________________ de Jean et Jeanne.
    (der Cousin)
13. Olivier est ______________________ de Paul et Elodie.
    (der Sohn)
14. Melanie est ______________________ de Paul et Elodie.
    (die Tochter)
15. Melanie et Olivier sont ______________________ de Paul et Elodie.
    (die Kinder)

Exercice 2

Décris les relations dans ta famille. Ecris dix phrases dans ton cahier.

Katharina Walter: Französisch an Stationen – 1. Lernjahr © Auer Verlag – AAP Lehrerfachverlage GmbH, Donauwörth

Station 8

Ma chambre

Name:

Exercice 1

Regarde l'image et écris les mots qui manquent sur les lignes.

Exercice 2

Décris ta chambre à ton partenaire. Il dessine ta chambre dans son cahier.
Contrôle sa peinture après.

Exercice 3

Traduis les phrases et écris-les dans ton cahier.

1. Dans la chambre de Pierre, il y a une table et deux chaises.
2. Dans la chambre de Janine, il y a une fenêtre et trois étagères.
3. Dans ma chambre, il y a un tapis et quatre lampes.
4. Dans la chambre de Jacques, il y a un lit et deux canapés.
5. Dans la chambre de nos parents, il y a un grand lit, deux armoires, une table et deux chaises.

Exercice 4

Dessine ta chambre dans ton cahier et étiquette les choses qui se trouvent dedans.

Katharina Walter: Französisch an Stationen – 1. Lernjahr © Auer Verlag – AAP Lehrerfachverlage GmbH, Donauwörth

Station 9

Name: ____________

Avoir et être

Exercice 1

1. Trouve les formes du verbe *avoir.*

j'	
tu	
il/elle/on	
nous	
vous	
ils/elles	

2. Trouve les formes du verbe *être*.

je	
tu	
il/elle/on	
nous	
vous	
ils/elles	

Exercice 2

Trouve les formes des verbes *avoir* et *être* qui manquent dans les phrases.

1. J(e) ____________ 13 ans.
2. Nous ____________ à l'école à huit heures.
3. Est-ce que tu ____________ des frères et sœurs?
4. Vous ____________ une idée?
5. On ____________ à la piscine à trois heures.
6. Les frères ____________ 18 ans. Donc, ils ne ____________ pas à Londres chez leurs familles.

Katharina Walter: Französisch an Stationen – 1. Lernjahr © Auer Verlag – AAP Lehrerfachverlage GmbH, Donauwörth

Station 10

Les verbes

Name: ______________________

Exercice

Trouve les verbes cachés dans l'enigme (vertical, horizontal, diagonal).

Les verbes sont: 1. TÉLÉPHONER 2. CONTINUER 3. INSTALLER 4. PRÉFÉRER 5. CORRIGER 6. RACONTER 7. DÉTESTER 8. CHERCHER 9. REGARDER 10. PRÉPARER 11. HABITER 12. ARRIVER 13. MONTRER 14. ARRÊTER 15. TROUVER 16. ÉCOUTER 17. CLIQUER 18. CHANTER 19. APPELER 20. ~~RENTRER~~ 21. RESTER 22. TOMBER 23. SURFER 24. ADORER 25. SONNER 26. ENTRER 27. FAIRE 28. RÊVER 29. JOUER 30. ALLER 31. AVOIR 32. AIMER 33. POSER 34. ÊTRE

N	C	P	M	A	J	D	R	D	F	J	I	N	S	T	A	L	L	E	R	B	X	B	L	T
T	O	V	C	F	M	R	E	S	T	E	R	N	W	V	K	M	J	G	U	O	N	Q	C	S
G	R	B	L	H	P	R	É	F	É	R	E	R	T	Y	I	Q	J	J	I	R	F	F	L	Q
G	R	R	I	P	P	C	B	D	R	E	D	G	K	S	P	H	R	V	E	X	N	K	A	G
E	I	Q	Q	Z	I	G	W	É	D	G	O	P	P	S	A	E	W	R	C	K	V	T	G	R
K	G	V	U	L	V	F	V	T	T	A	X	F	Z	Z	N	L	T	P	W	N	Q	R	L	E
Q	E	P	E	W	J	I	B	E	N	R	B	J	L	N	H	N	L	R	Z	A	Q	O	P	N
A	R	S	R	I	K	Z	H	S	J	D	I	T	O	J	E	G	P	É	S	G	O	U	O	Z
Y	G	V	U	R	K	Q	M	T	M	E	D	S	É	R	Z	R	E	P	R	P	R	V	C	Q
T	U	L	A	R	R	I	V	E	R	R	D	D	E	L	I	I	Z	A	P	H	K	E	M	B
L	L	Y	H	E	N	I	N	R	K	G	B	T	Q	O	É	J	O	R	W	K	P	R	J	B
C	D	D	É	C	O	U	T	E	R	F	N	T	V	G	A	P	D	E	B	S	Ê	T	R	E
V	N	U	Z	N	A	B	Q	I	H	O	A	A	R	K	L	C	H	R	J	F	W	D	K	P
O	S	D	I	A	U	D	X	R	C	R	H	I	F	Y	L	H	E	O	K	J	I	Z	P	N
D	X	A	U	S	G	Y	O	A	E	M	S	K	R	G	E	A	P	A	N	O	M	Q	T	B
E	C	B	O	Y	F	J	R	R	X	L	P	O	S	E	R	N	A	R	M	E	G	W	B	D
Z	V	V	Z	G	R	Q	T	Z	E	K	E	B	W	E	G	T	I	R	P	J	R	N	X	O
Y	T	K	T	O	L	N	B	B	J	R	K	R	J	Q	E	E	M	Ê	L	J	O	U	E	R
E	Z	H	B	H	O	U	S	G	U	W	Z	H	M	X	X	R	E	T	N	W	O	K	V	S
X	D	U	R	M	A	X	V	U	U	C	H	E	R	C	H	E	R	E	M	T	O	E	I	M
X	W	J	Z	N	Z	B	T	O	M	B	E	R	E	N	T	R	E	R	L	U	I	C	W	P
W	V	T	Y	B	V	F	I	H	B	X	Z	G	O	S	U	R	F	E	R	I	F	F	D	P
P	W	C	F	Q	L	H	V	T	H	Z	K	U	U	P	J	C	O	N	T	I	N	U	E	R
P	R	P	B	V	B	R	Ê	V	E	R	W	B	X	G	B	U	A	D	R	G	V	F	F	N
Q	P	C	Y	J	J	B	X	M	K	R	Y	G	O	A	P	P	E	L	E	R	B	V	M	O

Katharina Walter: Französisch an Stationen – 1. Lernjahr © Auer Verlag – AAP Lehrerfachverlage GmbH, Donauwörth

Station 11

Name: ____________________

La maison

Exercice 1

Regarde la maison et nomme les pièces. Ecris les noms dans ton cahier d'exercice.

Exercice 2

Traduisez les mots suivants et écrivez-les dans votre cahier. Utilisez un dictionnaire si vous avez des problèmes.

1. Badezimmer
2. Wohnzimmer
3. Badewanne
4. Möbel
5. Treppe
6. Haustür
7. Stuhl
8. Sofa
9. Schlafzimmer
10. Küche
11. Esszimmer
12. Kinderzimmer
13. Flur
14. Keller
15. Garage
16. Dachboden
17. Haus
18. Stockwerk
19. Toilette
20. Balkon
21. Tisch
22. Dach
23. Schornstein
24. Hof
25. Arbeitszimmer

Exercice 3

Ecris un petit texte sur ta maison/ton appartement dans ton cahier. Décris-la/-le.
Donne le texte à un partenaire et lis le texte de ton partenaire aussi.

Katharina Walter: Französisch an Stationen – 1. Lernjahr © Auer Verlag – AAP Lehrerfachverlage GmbH, Donauwörth

Les animaux

Name: ____________________

Exercice 1

Joue aux dominos et trouve la traduction pour chaque animal.

Exercice 2

Ecris une phrase pour chaque animal dans ton cahier sans mentionner son nom.

1. *Cet animal* ____________________
2. ____________________
3. ____________________
4. ____________________
5. ____________________
6. ____________________
7. ____________________
8. ____________________
9. ____________________
10. ____________________

Exercice 3

Lis trois de tes phrases à ton partenaire. Il doit deviner de quel animal tu parles.
Après, tu écoutes ses phrases.

Katharina Walter: Französisch an Stationen – 1. Lernjahr © Auer Verlag – AAP Lehrerfachverlage GmbH, Donauwörth

Station 12

Name: ______

Dominos

CHIEN	KATZE	CHAT	GRENOUILLE
FROSCH	MOUTON	SCHAF	CIGALE
GRILLE	ÉLÉPHANT	ELEFANT	TIGRE
TIGER	GIRAFE	GIRAFFE	LION
LÖWE	FOURMI	AMEISE	MOUCHE
FLIEGE	SERPENT	SCHLANGE	ESCARGOT
SCHNECKE	LAPIN	KANINCHEN	OISEAU
VOGEL	OURS	BÄR	HUND

Katharina Walter: Französisch an Stationen – 1. Lernjahr © Auer Verlag – AAP Lehrerfachverlage GmbH, Donauwörth

Station 1

Name: ______________________

Aller et les choses à faire

Exercice 1

Trouve les formes du verbe *aller* et complète le tableau.

Je		à l'école.
Tu		chez un copain.
Il		à l'église.
Elle		chez le docteur.
On		à la piscine.
Nous		main dans la main.
Vous		avec nous?
Ils		en ville.
Elles		chez Serge.

Exercice 2

Jouez au Memory®.

Exercice 3

Regarde les images et écris les phrases dans ton cahier. Mets les verbes au futur.

1. 
réparer

2. 
lire

3. 
jouer

4. 
faire la cuisine

5. 
jouer

Katharina Walter: Französisch an Stationen – 1. Lernjahr © Auer Verlag – AAP Lehrerfachverlage GmbH, Donauwörth

Name: ____________

Memory®

je	vais	ils	vont
tu	vas	elle	va
il	va	on	va
vous	allez	elles	vont
nous	allons	aller	gehen

Katharina Walter: Französisch an Stationen – 1. Lernjahr © Auer Verlag – AAP Lehrerfachverlage GmbH, Donauwörth

Name: ____________________

Je vais jouer au foot

Exercice 1

Trouve les formes du futur et complète les phrases.

1. M. Renard ____________________ (aller) au travail demain matin.
2. Mme Grenouille ____________________ (manger) des pommes.
3. Mardi, les enfants ____________________ (écrire) des lettres.
4. Dimanche, on ____________________ (rendre visite) à grand-mère.
5. Mes parents ____________________ (passer) les vacances en Allemagne.
6. Sandra ____________________ (regarder) la télé ce soir.
7. Les garçons ____________________ (jouer) au foot cet après-midi.
8. Mes copines ____________________ (arriver) vers trois heures.
9. Pierre ____________________ (prendre) le train samedi.
10. Nous ____________________ (manger) vers sept heures.

Exercice 2

Traduis les phrases suivantes et écris-les dans ton cahier.

1. Ich werde morgen Fußball spielen.
2. Wir werden am Freitag einen Test schreiben.
3. Sie werden am Mittag ankommen.
4. Pierre wird Sam nach der Schule treffen.
5. Ich werde fernsehen.
6. Meine Lehrer werden uns am Mittwoch den Test geben.
7. Am Donnerstag werden meine Eltern in den Urlaub fahren.
8. Am Wochenende werden die Mädchen eine Party machen.
9. Wirst du die CD mit mir anhören?
10. Heute Nachmittag werden wir ein Eis essen.

Katharina Walter: Französisch an Stationen – 1. Lernjahr © Auer Verlag – AAP Lehrerfachverlage GmbH, Donauwörth

Name: ______________________

Je ne vais pas le rencontrer

Exercice 1

Qu'est-ce que les enfants **ne** vont **pas** faire cet après-midi? Note les phrases négatives dans ton cahier.

1. 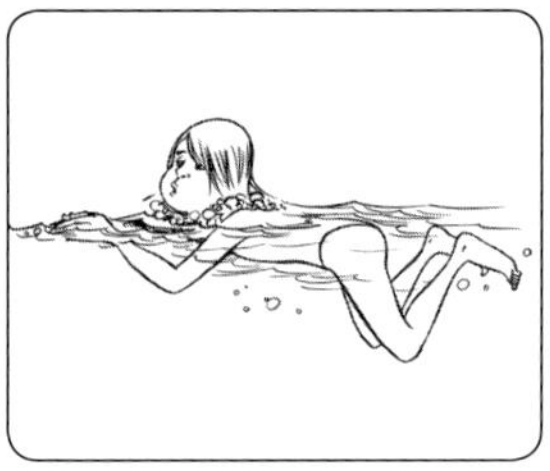
Jeanne

2. 
Pierre

3. 
Sandrine et Emilie

4. 
Julie

5. 
Thomas et Patrice

Exercice 2

Utilise la négation pour les phrases suivantes et écris-les dans ton cahier.

1. Je vais te téléphoner.
2. On va aller à l'école.
3. Les enfants vont jouer au foot.
4. Ma mère va prendre le déjeuner avec nous.
5. Mes copines vont venir au cinéma.
6. Notre prof va corriger les tests.
7. Mon père et son chef vont venir ce soir.
8. Je vais faire mes devoirs cet après-midi.
9. Il va acheter un nouveau vélo à trois heures.
10. Son père va l'aider.

Exercice 3

Qu'est-ce que tu ne vas pas faire aujourd'hui? Travaillez en tandem. Un partenaire pose la question et l'autre répond. Puis vous changez de rôle.

A
1. ne pas réparer la voiture
2. ne pas parler à Michelle
3. ne pas prendre le bus
4. ne pas manger de frites
5. ne pas faire les courses
6. ne pas prendre une douche

B
1. ne pas aller au cinéma
2. ne pas rencontrer Janine
3. ne pas acheter de nouvelles chaussures
4. ne pas apprendre le vocabulaire
5. ne pas faire les devoirs
6. ne pas aller au lit tôt

Katharina Walter: Französisch an Stationen – 1. Lernjahr © Auer Verlag – AAP Lehrerfachverlage GmbH, Donauwörth

Station 4

Les activités sportives

Name: ______________________

Exercice 1

Note les activités que tu vois dans ton cahier.

1. 

2. 

3. 

4. 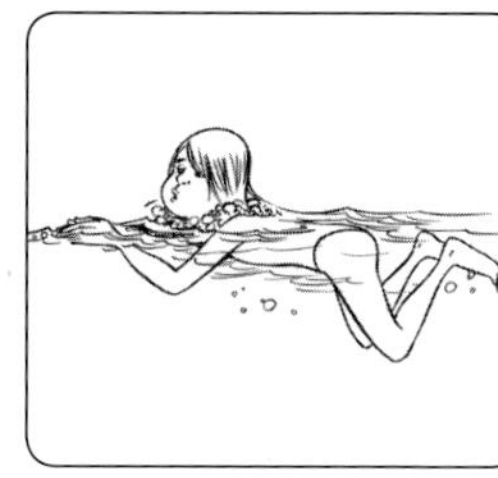

5. 

6. 

7. 

8. 

Exercice 2

Qu'est-ce que les enfants font? Note les phrases dans ton cahier.

1. Pierre – natation – lundi
2. Sandrine et Emilie – cheval – mardi
3. Marc – foot – samedi
4. Thomas et Jean – tennis – mercredi
5. Sandra – l'escalade – dimanche
6. Ahmed – ping-pong – chaque jour de la semaine
7. Les filles – ski – en janvier

Exercice 3

Demande à cinq enfants de ta classe quel sport ils font et quand. Note tes questions et leurs réponses dans ton cahier.

Katharina Walter: Französisch an Stationen – 1. Lernjahr © Auer Verlag – AAP Lehrerfachverlage GmbH, Donauwörth

Station 5

Mon activité préférée

Name: ____________

Exercice 1

Qu'est-ce que tu aimes (faire)?
Ecris des phrases avec *aimer/aimer mieux/adorer* (→ Matériel).

Exercice 2

Ecris les phrases dans ton cahier.

	déteste …	**aime …**	**aime encore mieux …**	**adore …**
la télé	Muriel	Marc	Thomas	Jeanne
la radio		Muriel		
les CD				Marc
le rock		Marc	Jeanne	
les films	Thomas			
le sport	Jeanne			
les livres		Marc		
les BD		Thomas	Muriel	
le collège				Thomas
les copains		Jeanne		

Exercice 3

Qu'est-ce que ton partenaire aime/déteste/adore? Note cinq choses et demande à ton partenaire s'il les aime. Note ses réponses dans ton cahier.

Katharina Walter: Französisch an Stationen – 1. Lernjahr © Auer Verlag – AAP Lehrerfachverlage GmbH, Donauwörth

Name: ______________________

Matériel

Qu'est-ce que tu aimes?
Qu'est-ce que tu aimes faire?

J'aime (bien) …

J'aime encore mieux …

J'adore …

Katharina Walter: Französisch an Stationen – 1. Lernjahr © Auer Verlag – AAP Lehrerfachverlage GmbH, Donauwörth

Mes hobbies

Name: ____________________

Exercice

Demande à un partenaire ce qu'il aime/adore/déteste et ajoute le signe approprié au tableau. Puis écris les phrases dans ton cahier. Parle aussi de Jeanne et de Pierre.

Ex.: *A: Est-ce que tu aimes faire de la natation?*

B: J'aime/J'adore/Je déteste faire de la natation.

	toi	ton partenaire	Jeanne	Pierre
faire de la natation				😐
lire				☹
écouter de la musique			☺	
jouer au foot			☹	
chanter				☹
jouer au tennis				☺
dormir			☹	
téléphoner aux amis				😐
aller au cinéma			😐	
écrire des lettres			☹	
danser			☹	

☺ adorer | 😐 aimer | ☹ détester

Katharina Walter: Französisch an Stationen – 1. Lernjahr © Auer Verlag – AAP Lehrerfachverlage GmbH, Donauwörth

Station 1

La fourniture scolaire

Name: ______________________

Exercice 1

Trouve les mots de la fourniture scolaire dans l'énigme (horizontal, vertical).

L	I	V	R	E	F	G	H	T	S	B	N	A
A	C	X	B	D	W	T	C	R	A	Y	O	N
C	E	S	G	C	R	A	I	E	S	F	H	G
A	C	X	J	A	A	R	È	G	L	E	G	B
R	A	C	N	H	S	A	X	V	R	O	O	M
T	R	V	F	I	D	R	S	A	F	L	M	H
A	N	B	S	E	F	G	N	Y	A	H	M	D
B	E	N	T	R	O	U	S	S	E	R	E	A
L	T	M	R	S	W	R	H	J	F	H	J	Z
E	Z	K	S	T	Y	L	O	E	Z	S	A	C

Exercice 2

Traduis les phrases suivantes et écris-les dans ton cahier.

1. Mein Buch ist auf dem Stuhl.
2. Meine Schere ist in der Tasche.
3. Pierre hat mein Mäppchen.
4. Sandra schreibt mit meinem Füller.
5. Die Tafel ist grün.
6. Wo ist mein Heft?
7. Der Schulranzen ist unter dem Tisch.
8. Jeanne sucht den Radiergummi.

Exercice 3

Touche les choses dans le sac et note dans ton cahier ce que tu reconnais. Contrôle ton résultat.

Katharina Walter: Französisch an Stationen – 1. Lernjahr © Auer Verlag – AAP Lehrerfachverlage GmbH, Donauwörth

Name: ______________________

L'école en France

Exercice 1

Complète le texte suivant qui parle du système scolaire en France.

In Frankreich gehen die Kinder im Alter von 6 bis 10 Jahren in die Grundschule. Die heißt auf Französisch ______________________________. Sie hat _____ Klassenstufen. Danach beginnt das ________________, in das alle Kinder von _____ bis _____ Jahren gehen. Es hat 4 Klassenstufen. Sie heißen: 6ᵉ = ________________, 5ᵉ = ________________, 4ᵉ = ________________ und 3ᵉ = ________________. Danach entscheiden die Schüler, ob sie einen Beruf erlernen möchten oder eine weiterführende Schule besuchen und zum Beispiel auf dem ________________ ihr Abitur machen. Das Abitur nennt man in Frankreich ______________________________. In Frankreich dauert die Schule den ganzen Tag, das heißt der Unterricht geht von morgens bis oftmals _____ Uhr. Und danach stehen noch die Hausaufgaben an, die auf Französisch ________________ heißen!

Exercice 2

Remplis les lacunes avec les mots qui manquent et écris le texte dans ton cahier.

devoirs	*arrivons*	*prof*	*cour*	*déteste*	*récréation*
cantine	*cours*	*collège*	*classe*	*maths*	*aime*

Les enfants dans ma classe ont 13 ans. On va au ________________. On a ________________ le matin et l'après-midi. A 8h10, nous ________________ à l'école. Ma copine Sarah ________________ vraiment les lundis. Dans la ________________, il y a déjà les copains et copines de notre classe. Le ________________ de français, M. Clochard, arrive à 8h20. Marie demande: «Qu'est-ce qu'on a en première heure de cours? Anglais? Après, j'ai ____________ avec Mme Lefèvre, je sais. J'____________ bien les maths. A 10h20, il y a la ________________ et tous les élèves vont dans la cour. A 12h10, on va à la ____________ pour manger. L'après-midi, il y a encore les ____________ d'allemand et de chimie. A 17h30, nous arrivons à la maison. Puis on fait les ____________.

Katharina Walter: Französisch an Stationen – 1. Lernjahr © Auer Verlag – AAP Lehrerfachverlage GmbH, Donauwörth

Station 3

Name:

Notre collège

Exercice 1

Quels mots manquent? Trouve les solutions et note les phrases dans ton cahier.

1. Au collège, il y a une … Les professeurs y vont après les cours et pendant les récréations.
2. Dans le …, on trouve une dame/un monsieur qui est le bras droit du principal du collège.
3. A midi, on mange à la …
4. On trouve aussi une … au collège avec beaucoup de livres à emprunter.
5. Evidemment, on a aussi une … au collège où on va pendant les récréations pour jouer au foot ou parler aux copains.
6. On aime bien le sport au collège. C'est la raison pour laquelle on a un grand …
7. En fin de compte, on trouve des … au collège. Il y a celles pour les filles et celles pour les garçons. Et bien sûr, pour les profs aussi!

Exercice 2

Jouez au Memory®. Celui qui a la plupart des cartes gagne le jeu.

+ Exercice 3

Décris un endroit de votre collège à un partenaire. Il doit deviner de quel endroit tu parles. Après, c'est à lui. Chacun doit décrire trois endroits différents.

Vous pouvez utiliser les phrases suivantes:

Tu vas à gauche/à droite/tout droit.

Tu (re)tourne …

Tu vas en bas/haut.

Tu prends les escaliers pour aller …

C'est à gauche/droite.

Tu entres dans la salle …

Katharina Walter: Französisch an Stationen – 1. Lernjahr © Auer Verlag – AAP Lehrerfachverlage GmbH, Donauwörth

Station 3

Name:

Memory®

UN GYMNASE	EINE SPORTHALLE	UN COLLÈGE	EINE SCHULE (Sek. I)
LA SALLE DES PROFS	DAS LEHRERZIMMER	UN LYCÉE	EIN GYMNASIUM
UNE SECRÉTAIRE	EINE SEKRETÄRIN	UNE CANTINE	EINE KANTINE
LES TOILETTES	DIE TOILETTEN	UN / UNE ÉLÈVE	EIN SCHÜLER/ EINE SCHÜLERIN
UN PRINCIPAL	EIN SCHULLEITER	UNE BIBLIOTHÈQUE	EINE BÜCHEREI

Katharina Walter: Französisch an Stationen – 1. Lernjahr © Auer Verlag – AAP Lehrerfachverlage GmbH, Donauwörth

Station 4

Name: ______________________

Dans la classe

Exercice 1

Ecris l'emploi du temps de Marcel dans ton cahier.

1. **Le lundi** matin, de 8h00 à 9h55, j'ai deux heures de français.
2. Après, c'est la récréation. C'est comme cela toute la semaine.
3. **Le lundi**, après la récré, j'ai une heure d'anglais et une heure de maths.
4. J'ai anglais aussi **le mardi**, de 9h00 à 9h55, de 10h15 à 11h10 et **le mercredi**, de 8h00 à 8h55.
5. Chaque jour, de 12h10 à 14h00, on va à la cantine.
6. **Le lundi**, en dernière heure, j'ai histoire-géo.
7. **Le mardi**, de 8h00 à 8h55 et **le mercredi**, de 10h15 à 11h10, j'ai français.
8. **Le mardi**, avant la cantine, j'ai maths et après la cantine, j'ai EPS.
9. **Le mercredi**, en deuxième heure, j'ai histoire-géo et en quatrième heure, j'ai art.
10. Je n'ai pas classe **le mercredi** après-midi et **le vendredi** pendant la première et la deuxième heure. **Le jeudi**, j'ai la première heure et tout l'après-midi de libre.
11. **Le jeudi**, j'ai seulement EPS.
12. **Le vendredi**, de 10h15 à 12h10, j'ai allemand. En dernière heure, j'ai art.

Exercice 2

Jouez aux dominos.

Exercice 3

Ecris ton emploi de temps.

Heures	Lundi	Mardi	Mercredi	Jeudi	Vendredi

Katharina Walter: Französisch an Stationen – 1. Lernjahr © Auer Verlag – AAP Lehrerfachverlage GmbH, Donauwörth

Dominos

Name: ____________________

Tafel	le mur	Wand	la craie
Kreide	la fenêtre	Fenster	la table
Tisch	la chaise	Stuhl	les élèves
Schüler	le prof	Lehrer	l'emploi du temps
Stundenplan	le pupitre	Pult	l'éponge
Schwamm	la poubelle	Mülleimer	le tableau

Katharina Walter: Französisch an Stationen – 1. Lernjahr © Auer Verlag – AAP Lehrerfachverlage GmbH, Donauwörth

Name: ____________________

Parlons en classe I

Exercice 1

Traduis les phrases dans les bulles et écris-les dans ton carnet de vocabulaire.

1. Pardon, je n'ai pas compris!

2. Est-ce qu'on a des devoirs aujourd'hui?

3. Non, c'est faux.

4. Oui, c'est correct.

5. Je n'ai pas fait mes devoirs!

6. Comment est-ce qu'on écrit le mot …?

7. Pouvez-vous répéter, s'il vous plaît?

8. Pouvez-vous expliquer encore une fois, s'il vous plaît?

9. Qu'est-ce que ça veut dire en allemand?

10. Comment est-ce qu'on dit „kaufen" en français?

11. J'ai une question.

12. Pouvez-vous m'aider, s'il vous plaît?

Exercice 2

Lis cinq phrases à ton partenaire. Il les traduit en allemand. Après, c'est à toi.

1. J'ai encore une question.
2. C'est à qui?
3. Ouvrez vos livres à la page …
4. Tu continues, s'il te plaît?
5. C'est faux.
6. Tu traduis, s'il te plaît?
7. Comment est-ce qu'on prononce ce mot?
8. J'ai oublié mon cahier à la maison.
9. Est-ce qu'on a des devoirs pour demain?
10. Je ne comprends pas l'expression à la ligne …

Katharina Walter: Französisch an Stationen – 1. Lernjahr © Auer Verlag – AAP Lehrerfachverlage GmbH, Donauwörth

Station 6

Name: ______________________

Parlons en classe II

Exercice 1

Trouve les verbes français (→ Matériel). Avec chaque verbe, écris une phrase qui parle d'une activité en classe. Note les phrases dans ton cahier.

Exercice 2

Ecrivez un dialogue entre un prof et un élève dans votre cahier. Utilisez les verbes de l'exercice 1. Lisez le dialogue au professeur.

Exercice 3

Qu'est-ce que les profs disent aux élèves? Traduis les phrases et écris-les dans ton cahier.

1. Faites des dialogues!

2. Lisez les phrases!

3. Corrigez!

4. Répétez!

5. Trouvez les fautes!

6. Conjuguez les verbes!

7. Travaillez en groupe!

8. Comparez les textes!

9. Ecrivez les réponses dans vos cahiers!

10. Jouez la scène en classe!

11. Continuez!

12. Contrôlez votre prononciation avec le CD!

Katharina Walter: Französisch an Stationen – 1. Lernjahr © Auer Verlag – AAP Lehrerfachverlage GmbH, Donauwörth

Station 6

Name: ____________________

Matériel

demanderjouertraduirefaireouvrirchercherécrirecalculerentrerfermerrépondreparler

A l'école

Katharina Walter: Französisch an Stationen – 1. Lernjahr © Auer Verlag – AAP Lehrerfachverlage GmbH, Donauwörth

Station 7

Name: ____________________

Dans le gymnase

Exercice 1

Ecris une liste de vocabulaire thématique dans ton carnet.
Traduis les mots suivants.

1. der Sport, der Sportler
2. der Sportverein
3. die Turnhalle
4. Fuβball spielen
5. Tennis spielen
6. wandern, die Wanderung
7. das Schwimmbad
8. der Trainer
9. Sport treiben
10. das Spiel
11. der Fan
12. siegen, der Sieg über …
13. verlieren, die Niederlage gegen …
14. teilnehmen an
15. turnen
16. ein Tor schieβen

Exercice 2

Dans le sac, il y a des objets qu'on trouve dans un gymnase.
Un partenaire ferme les yeux et retire un objet du sac. Il devine ce que c'est et l'autre partenaire corrige si nécessaire. Après la cinquième pièce, vous changez de rôle.

Katharina Walter: Französisch an Stationen – 1. Lernjahr © Auer Verlag – AAP Lehrerfachverlage GmbH, Donauwörth

Station 8

Le nouveau professeur de maths

Name: ______________________

Exercice

Lis le texte et réponds aux questions. Ecris les réponses dans ton cahier.

M. Sachet, le directeur du collège, vient dans la classe et présente le nouveau prof de maths, M. Grenier. La classe est vraiment contente car l'ancien prof était très sévère (streng). Il écrivait beaucoup de tests en classe.

M. Sachet:	Bonjour, la classe.
Classe:	Bonjour, M. Sachet.
M. Sachet:	Regardez, ça, c'est M. Grenier, votre nouveau prof de maths. Vous voulez lui poser des questions?
Sarah:	M. Grenier, vous venez d'où en France?
M. Grenier:	Je viens de Bordeaux.
Thomas:	Est-ce que vous avez une famille?
M. Grenier:	Oui, j'ai deux enfants. Un fils et une fille. Mais je ne suis plus marié.
Miriam:	Quel âge ont vos enfants?
M. Grenier:	Mon fils a deux ans et ma fille a déjà onze ans.
Henriette:	Oh, c'est très intéressant!
Pierre:	M. Grenier, pourquoi vous êtes venu à Paris?
M. Grenier:	Parce que j'aime la ville et j'aime habiter à Paris depuis mon enfance. Comme mes enfants habitent chez leur mère maintenant, je pouvais partir de Bordeaux.
Marc:	Ben, quand est-ce qu'on a cours pour la première fois avec vous?
M. Grenier:	Oh, c'est maintenant, je crois. Prenez vos cahiers, s'il vous plaît. On va écrire un petit test.
Classe:	Oh non … Il est comme l'ancien prof de maths!

1. Comment s'appelle le nouveau prof de maths?
2. D'où est-ce qu'il vient?
3. Est-ce qu'il a des enfants?
4. Est-ce qu'il est marié?
5. Pourquoi est-ce qu'il habite à Paris maintenant?
6. Qu'est-ce que la classe fait pendant le premier cours?

Katharina Walter: Französisch an Stationen – 1. Lernjahr © Auer Verlag – AAP Lehrerfachverlage GmbH, Donauwörth

Station 1

Name: ______________________

Faisons les courses

Exercice

Constituez un groupe de trois et distribuez les rôles. Lisez le texte à haute voix trois fois. Enregistrez-vous après.

1. A la maison:

Luc:	On va au marché, Manon? Tu prends le sac, s'il te plaît?
Manon:	D'accord. Tu as la liste?
Luc:	Oui, bien sûr. On y va. Salut, maman!

2. Au marché:

Le/La marchand(e):	C'est à qui maintenant?
Luc:	C'est à nous, Monsieur/Madame. On prend des tomates et des aubergines, s'il vous plaît.
Le/La marchand(e):	Combien de tomates vous voulez?
Manon:	Ben, je crois qu'il nous en faut trois kilos.
Le/La marchand(e):	D'accord. Trois kilos de tomates, et combien d'aubergines?
Luc:	On en prend trois.
Le/La marchand(e):	Et avec ça?
Luc:	On a besoin de quelques citrons et de pommes.
Manon:	Des pommes? Il nous faut des poires!
Luc:	Ah oui, tu as raison. Alors, on prend deux kilos de poires et cinq citrons.
Le/La marchand(e):	C'est tout?
Manon:	Oui, c'est tout, merci. Ça fait combien?
Le/La marchand(e):	Ça fait 20 euros 50, s'il vous plaît.
Luc:	Et voilà 22 euros.
Le/La marchand(e):	Et 1 euro 50 pour toi, merci. Au revoir.
Luc et Manon:	Au revoir, Monsieur/Madame.

Katharina Walter: Französisch an Stationen – 1. Lernjahr © Auer Verlag – AAP Lehrerfachverlage GmbH, Donauwörth

Station 2

Name: ____________

Au supermarché

Exercice 1

Qu'est-ce que les personnes achètent? Utilise le verbe *prendre* et écris le texte dans ton cahier. Remplace les photos par les mots qui manquent.

1. Marie … un . Pierre et Thomas … du  et nous … des .

2. Sarah … un kilo de . Et vous? Qu'est-ce que vous …?

3. Alors, moi, je … des  et une .

4. Mes parents … des  et mon copain Jacques … un peu de .

Exercice 2

Trouve des mots pour le filet à mots (Mindmap) *Au supermarché* (→ Matériel). Prends un dictionnaire si nécessaire.

Exercice 3

Ecris une liste de mots avec le vocabulaire du supermarché. Trouve environ 20 mots. N'oublie pas les mots suivants: *Regal, Verkäufer/-in, einkaufen, Kasse, Einkaufszettel, Einkaufswagen.*

Katharina Walter: Französisch an Stationen – 1. Lernjahr © Auer Verlag – AAP Lehrerfachverlage GmbH, Donauwörth

Station 2

Name: ____________

Filet à mots

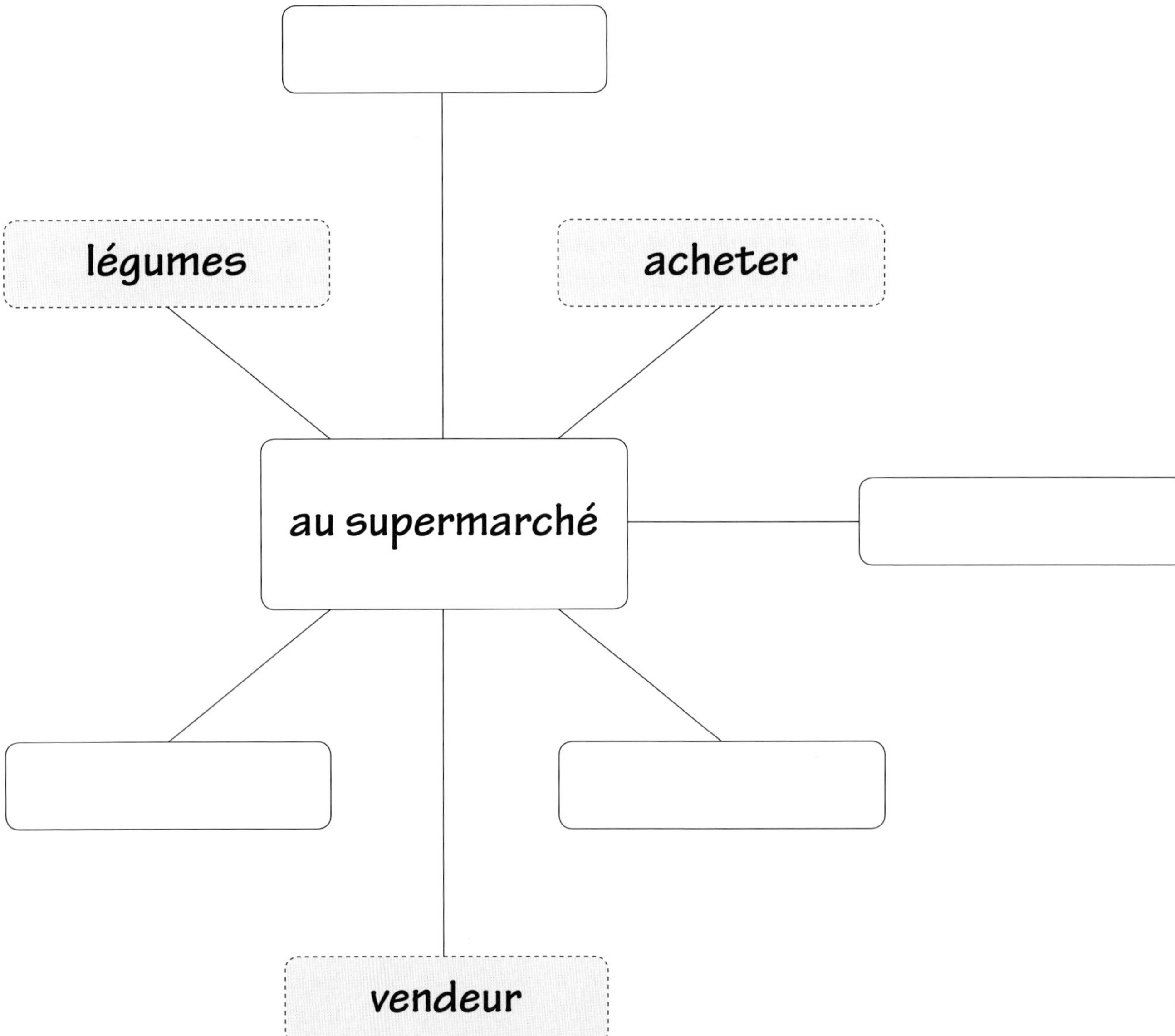

Katharina Walter: Französisch an Stationen – 1. Lernjahr © Auer Verlag – AAP Lehrerfachverlage GmbH, Donauwörth

Au marché

Name:

Exercice 1

Traduisez le dialogue en français. Ecrivez-le dans votre cahier. Lisez le dialogue trois fois.

A: Guten Tag.
B: Guten Tag, ich hätte gerne Bananen.
A: Gut, wie viele Bananen hätten Sie gerne?
B: Wie viel kosten die Bananen denn?
A: Sie kosten 2 € das Kilo.
B: Dann nehme ich ein Kilo Bananen.
A: Sonst noch etwas?
B: Haben Sie Birnen?
A: Ja, sie kosten 1,50 € das Kilo.
B: Gut, dann nehme ich bitte drei Kilo Birnen und eine Ananas.
A: Die Ananas kostet 1 €.
B: Danke, wie viel macht das?
A: Ähm, das macht dann zusammen 7,50 €.
B: Hier, bitteschön.
A: Danke. Auf Wiedersehen.
B: Auf Wiedersehen.

Exercice 2

Ecris une liste de vocabulaire français – allemand dans ton carnet de vocabulaire.
Prends le dictionnaire si nécessaire.

Au marché, il y a

des légumes:

des tomates (f), des carottes (f), des pommes de terre (f), des haricots (m), des aubergines (f),

des radis (m), des concombres (m), des avocats (m), des oignons (m), des salades (f),

des asperges (f), des petits pois (m), des champignons (m), de l'ail (m), du persil, des poivrons (m),

des brocolis (m), des choux-fleurs (m), des céleris (m), des salsifis (m), …

et des fruits:

des pommes (f), des poires (f), des cerises (f), des pêches (f), des abricots (m), des prunes (f),

des figues (f), des raisins (m), des mûres (f), des framboises (f), des fraises (f), des citrons (m),

des oranges (f), des mandarines (f), des pamplemousses (m), des ananas (m), des bananes (f),

des kiwis (m), des mangues (f), des papayes (f), …

Katharina Walter: Französisch an Stationen – 1. Lernjahr © Auer Verlag – AAP Lehrerfachverlage GmbH, Donauwörth

Station 4

Name: ____________

Une invitation

Exercice 1

Utilise les mots suivants pour écrire une invitation pour ta fête d'anniversaire. Ecris-la dans ton cahier. Décore ton invitation et donne-la à un partenaire. Il la traduit en allemand.

mon anniversaire — aimer fêter — samedi — trois heures de l'après-midi

le jardin — pouvoir apporter des CD — finir à huit heures du soir

Exercice 2

Ecris l'e-mail correctement dans ton cahier.

SalutMariejefaisunefêtedimanchesoiràlamaison.onvaécouterdelamusiquemangerdeshamburgersregarderlesphotosdenosvacancesd'étéetjouerdesjeuxdanslejardin.tuveuxvenir?CarineetJeannevontveniraussietvouspouvezresterpourlanuit.mesparentssontd'accord.BisesElodie

Exercice 3

Ecris une invitation pour une fête de ton choix dans ton cahier. Donne l'invitation à ton partenaire. Tu reçois une invitation de ton partenaire. Ecris la réponse dans son cahier.

Katharina Walter: Französisch an Stationen – 1. Lernjahr © Auer Verlag – AAP Lehrerfachverlage GmbH, Donauwörth

Station 5

Name: ____________________

Ma fête

Exercice 1

Regarde les images et raconte l'histoire. Ecris-la dans ton cahier.

ou Exercice 2

Dressez un filet à mots (Mindmap) avec le vocabulaire de fête sur la fiche de travail.
Utilisez le dictionnaire si nécessaire.

Katharina Walter: Französisch an Stationen – 1. Lernjahr © Auer Verlag – AAP Lehrerfachverlage GmbH, Donauwörth

Station 5

Name:

Filet à mots

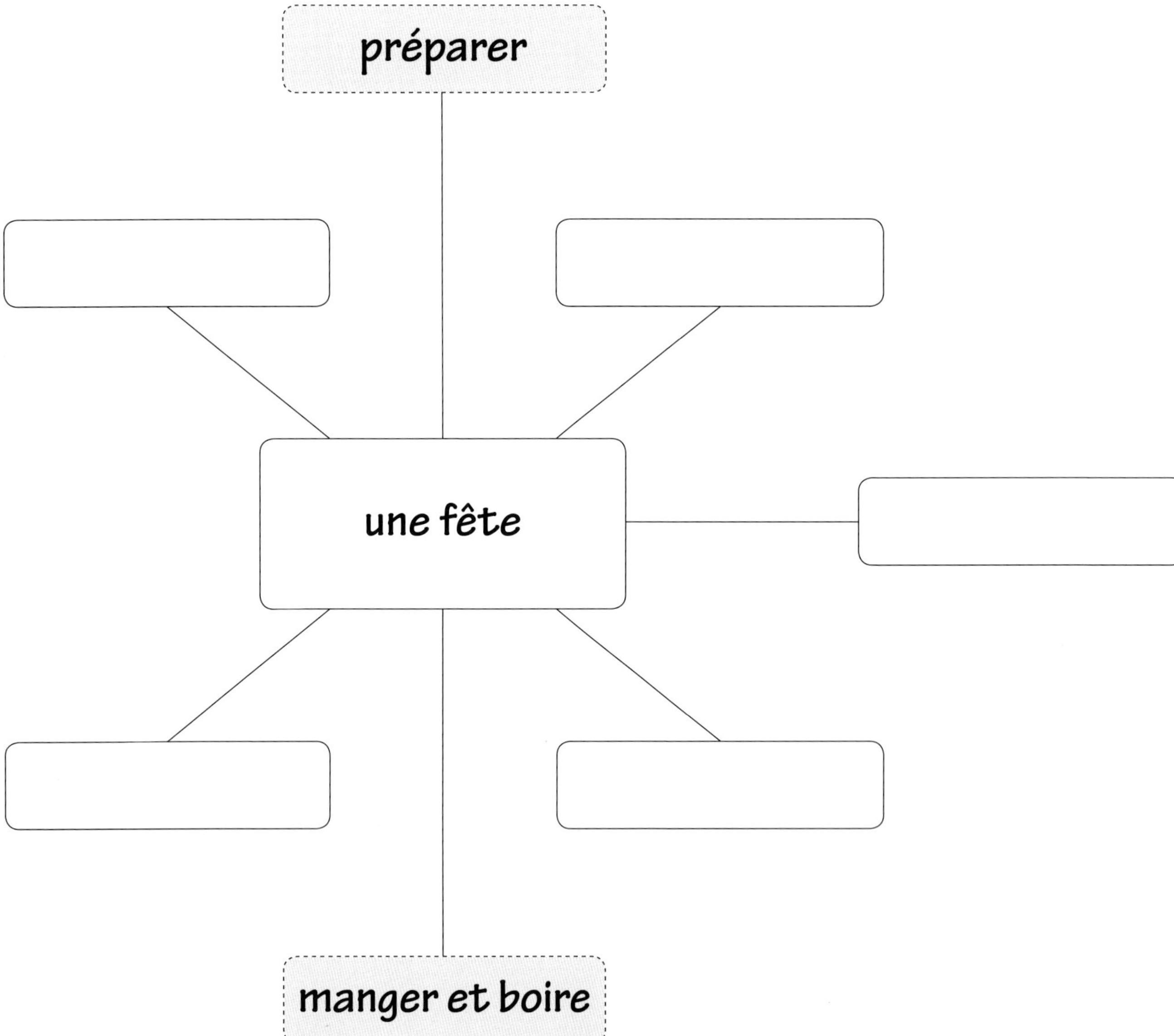

Katharina Walter: Französisch an Stationen – 1. Lernjahr © Auer Verlag – AAP Lehrerfachverlage GmbH, Donauwörth

Station 1

Name: ____________________

Les nombres de 1–100

Exercice 1

Ecris les nombres en chiffres ou en lettres.

1. 0 = ____________________
2. trente = ____________________
3. seize = ____________________
4. 55 = ____________________
5. 100 = ____________________
6. deux = ____________________
7. vingt-trois = ____________________
8. 81 = ____________________
9. 74 = ____________________
10. 99 = ____________________

Exercice 2

Joue aux dominos avec un partenaire et trouve les nombres corrects.
Chacun prend neuf cartes. C'est l'aîné qui commence. Celui qui peut doit jouer une carte. Le joueur qui est le premier à ne plus avoir de cartes a gagné.

Exercice 3

Complète le tableau avec les nombres corrects.

Katharina Walter: Französisch an Stationen – 1. Lernjahr © Auer Verlag – AAP Lehrerfachverlage GmbH, Donauwörth

Name: ____________________

Dominos

1	sept	7	neuf	9	trente-deux
32	quarante-huit	48	soixante-onze	71	quinze
15	cinquante	50	trois	3	dix-neuf
19	vingt-quatre	24	quatre-vingt-treize	93	douze
12	trente-neuf	39	quarante-sept	47	quatre-vingts
80	soixante-cinq	65	huit	8	un

Katharina Walter: Französisch an Stationen – 1. Lernjahr © Auer Verlag – AAP Lehrerfachverlage GmbH, Donauwörth

Tableau

Name: ____________

Katharina Walter: Französisch an Stationen – 1. Lernjahr © Auer Verlag – AAP Lehrerfachverlage GmbH, Donauwörth

Les nombres de 20 à 69

20	**vingt**	**30**	**trente**	**40**	**quarante**	**50**	**cinquante**	**60**	**soixante**
21	vingt **et** un	**31**	trente **et** un	**41**	quarante **et** un				
22	vingt-deux	**32**	trente-deux						
23	vingt-trois								
24	vingt-quatre								
25	vingt-cinq								
26	vingt-six								
27	vingt-sept								
28	vingt-huit								
29	vingt-neuf							**69**	soixante-neuf

Station 2

Name: ______________

Les nombres de 100–1000

Exercice 1

Ça coute combien? Note des phrases correctes dans ton cahier. Ecris les nombres en toutes lettres.

1. la vieille voiture (1 000 €)
2. la maison par mois (799 €)
3. les chaussures (123 €)
4. la chemise Louis Vuitton (210 €)
5. les livres (139 €)
6. le pullover Boss (340 €)
7. les jeux (238 €)
8. les huit chaises (450 €)

Exercice 2

Jouez en groupe de trois.

Un joueur est l'arbitre (Schiedsrichter).
Il dit un chiffre en allemand et note le chiffre sur un papier.
Les autres joueurs doivent écrire le chiffre en français.

Faites ainsi avec dix chiffres et contrôlez après.
Celui qui a écrit la plupart des chiffres correctement a gagné le jeu.

Exercice 3

Trouve les solutions et écris-les en toutes lettres dans ton cahier.

1. 350 + 210 =
2. 232 – 189 =
3. 470 + 528 =
4. 1000 – 450 =
5. 149 + 712 =
6. 200 + 400 =
7. 910 – 340 =
8. 563 + 123 =
9. 100 + 900 =
10. 723 + 176 =

Katharina Walter: Französisch an Stationen – 1. Lernjahr © Auer Verlag – AAP Lehrerfachverlage GmbH, Donauwörth

Name: ______________________

Les nombres ordinaux

Exercice 1

Note les nombres ordinaux (première, …) pour chaque voiture.

Exercice 2

Traduis les phrases suivantes. Ecris-les dans ton cahier.

1. Lucie ist in der Fünften.
2. Marie ist in der Elften.
3. Jean ist in der Neunten.
4. Noah ist in der Achten.
5. Jeanne ist in der Sechsten.
6. Marc ist in der Zehnten.
7. Marine ist in der Zwölften.

Exercice 3

1. Note trois questions pour un partenaire qui doit répondre par un nombre ordinal.
2. Pose les questions à trois enfants en classe. Note leurs réponses dans ton cahier.

Katharina Walter: Französisch an Stationen – 1. Lernjahr © Auer Verlag – AAP Lehrerfachverlage GmbH, Donauwörth

Name: ______________________

Quelle heure est-il?

Exercice 1

Quelle heure est-il? Prends l'horloge et ajuste n'importe quelle heure. Puis demande l'heure à ton partenaire. Il répond. Après, changez de rôle.

Ex.: *A: Quelle heure est-il?/Il est quelle heure?*

B: Il est neuf heures.

A	B
1. halb acht	1. Viertel vor sieben
2. Viertel vor sechs	2. drei Uhr
3. Mitternacht	3. halb sieben
4. Viertel nach zwei	4. Viertel nach sechs
5. halb eins	5. Mittag
6. drei Uhr	6. zwei Uhr
7. acht Uhr	7. halb sechs
8. Viertel vor zehn	8. Viertel vor elf
9. Viertel nach zwölf	9. Viertel nach vier

Exercice 2

Quelle heure est-il? Note l'heure dans ton cahier.

1. 	2. 	3. 
4. 	5. 	6. 
7. 	8. 	9. 

Katharina Walter: Französisch an Stationen – 1. Lernjahr © Auer Verlag – AAP Lehrerfachverlage GmbH, Donauwörth

Horloge

Name:

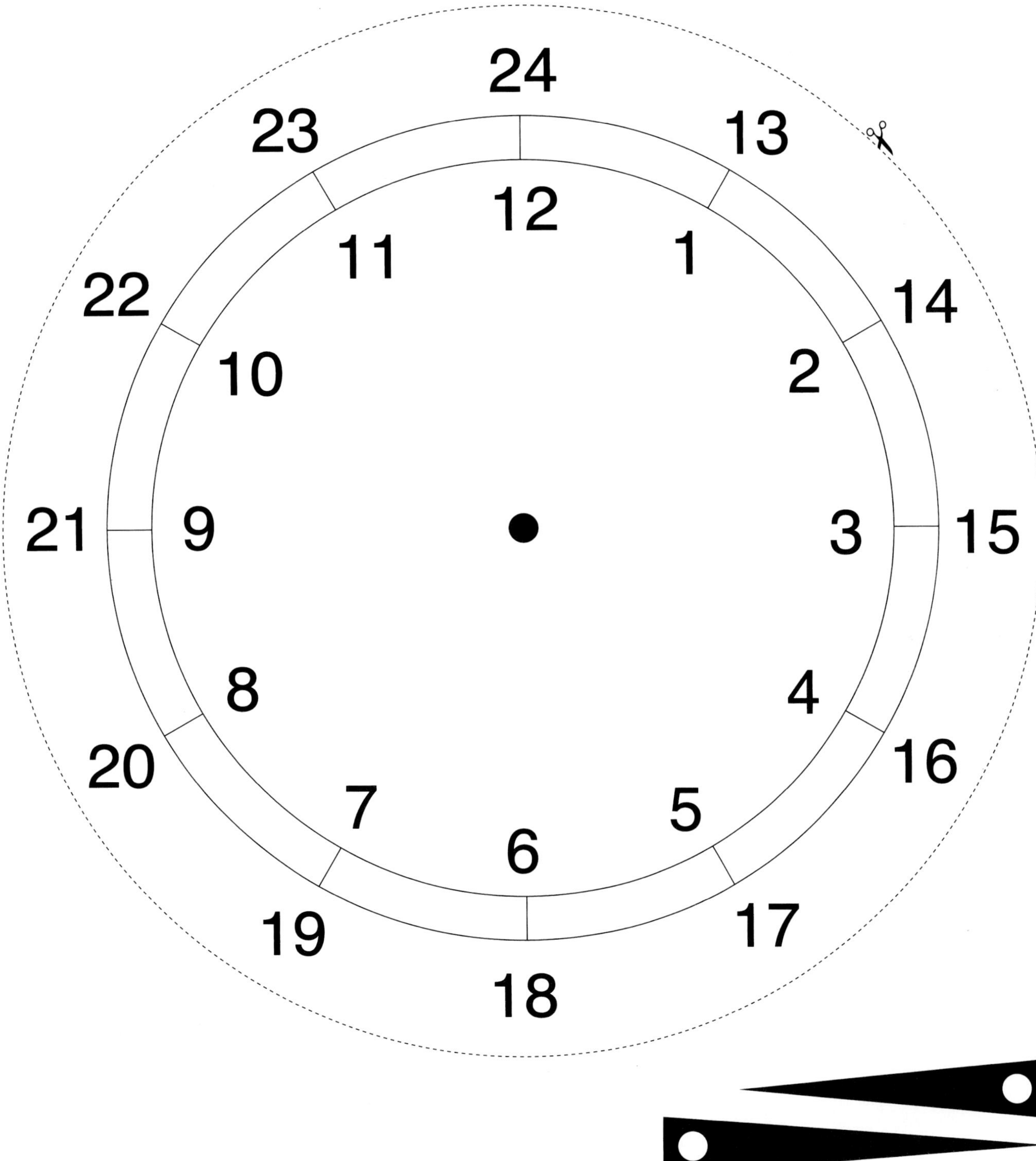

Katharina Walter: Französisch an Stationen – 1. Lernjahr © Auer Verlag – AAP Lehrerfachverlage GmbH, Donauwörth

Station 5

Name: ______________________

Ma journée ordinaire

Exercice

Lis le texte et répond aux questions. Ecris les réponses dans ton cahier.

Il est mardi matin. Il est six heures et demie et je vais dans la salle de bains.

Je prends une douche et à sept heures, je mange un pain au chocolat dans la cuisine.

Mon bus part à sept heures et demie et l'école commence à huit heures.

J'arrive à l'école à huit heures moins dix et je vais en classe. Mes copains sont déjà là.

Pierre dit: «Salut Michel, quand est-ce que tu rentres à la maison ce midi?»

Je réponds: «Salut, je rentre à la maison à une heure. Après, je joue au tennis avec mon frère.

Et à trois heures et quart, on va en ville avec mes parents pour rencontrer des amis.

Mais si tu veux me voir cet après-midi, tu peux venir vers cinq heures.»

Pierre veut bien me voir et à cinq heures dix, il arrive chez moi.

Nous jouons au foot dans le jardin et à sept heures et demie, le père de Pierre vient le chercher.

Je vais au lit vers dix heures moins le quart.

1. Qui parle dans le texte?
2. Quand est-ce qu'il va dans la salle de bain le matin?
3. Quand est-ce que l'école commence?
4. Quand est-ce qu'il rentre à la maison?
5. Qu'est-ce que la famille de Michel fait à trois heures et quart?
6. Quand est-ce que le père de Pierre arrive?
7. Quand est-ce que Michel va au lit?

Katharina Walter: Französisch an Stationen – 1. Lernjahr © Auer Verlag – AAP Lehrerfachverlage GmbH, Donauwörth

Station 6

Name: ______________________

Ma semaine

Exercice 1

Les jours de la semaine

1. Qu'est-ce que tu fais quel jour? Ecris une phrase pour chaque jour. Utilise les mots suivants.

   lundi – aller danser
   mardi – avoir rendez-vous avec mes copains
   mercredi – jouer au foot
   jeudi – rien faire
   vendredi – faire les devoirs
   samedi – rencontrer mes grands-parents
   dimanche – jouer au tennis

2. Traduis les phrases.

Exercice 2

Jouez au Memory® et trouvez les mots qui vont ensemble.

Exercice 3

Regarde les images et demande à un partenaire ce que les enfants font chaque semaine. Il répond.

Ex.: *Qu'est-ce que les garçons font tous les lundis? – Les garçons jouent au foot tous les lundis.*

lundi

1. 
mercredi

2. 
jeudi

3. 
samedi

4. 
dimanche

5. 
mardi

6. 
vendredi

Katharina Walter: Französisch an Stationen – 1. Lernjahr © Auer Verlag – AAP Lehrerfachverlage GmbH, Donauwörth

Station 6

Name: ____________________

Memory®

dimanche	vendredi	mercredi	jeudi
Donnerstag	Mittwoch	Dienstag	Montag
semaine	mardi	samedi	lundi
Woche	Sonntag	Samstag	Freitag

Katharina Walter: Französisch an Stationen – 1. Lernjahr © Auer Verlag – AAP Lehrerfachverlage GmbH, Donauwörth

Name: ______________

Les mois de l'année

Exercice 1

Complète le calendrier.

1. janvier
2. ______________
3. ______________
4. avril
5. mai
6. ______________
7. juillet
8. ______________
9. septembre
10. ______________
11. ______________
12. décembre

Exercice 2

Quel mois vient après?

1. juin ______________
2. novembre ______________
3. mars ______________
4. octobre ______________
5. janvier ______________

Exercice 3

Les mois suivants correspondent à quelle saison?

1. janvier: ______________
2. juillet: ______________
3. avril: ______________
4. septembre: ______________

Katharina Walter: Französisch an Stationen – 1. Lernjahr © Auer Verlag – AAP Lehrerfachverlage GmbH, Donauwörth

Station 1

Name: ______________________

Qui est-ce?

Exercice 1

Traduis les questions en français. Ecris-les dans ton cahier.

1. Wer ist dein Vater?
2. Mit wem spielst du heute Fußball?
3. Wer kann mir helfen?
4. Wer ist das?
5. Wer ist dran?
6. Für wen ist das Geschenk?
7. Wer ist an der Tür?
8. Wer spricht/ist am Telefon?
9. Mit wem tanzt Pierre?
10. Wem schreiben wir eine Postkarte?

Exercice 2

Ecris les questions pour les réponses suivantes dans ton cahier.

1. J'aime <u>Pierre</u>.
2. Mon frère, c'est <u>Jean-Jacques</u>.
3. <u>Marie</u> est à la porte.
4. <u>Ma grand-mère</u> arrive vers cinq heures.
5. C'est <u>à Jean</u>.
6. J'achète le livre <u>pour Pascale</u>.
7. <u>Sandra</u> habite dans ma rue.
8. On fait la fête <u>chez Frédéric</u>.
9. Je vote <u>pour Marcel</u>.
10. <u>Notre prof d'anglais</u> s'appelle M. Renard.

Exercice 3

Qui est sur la photo? Ecris les questions avec les réponses correctes dans ton cahier.

Ex.: *Qui est sur la photo numéro quatre? – C'est M. Bush.*

1.

Angela Merkel

2.

Dieter Bohlen

3.

Penelope Cruz

Katharina Walter: Französisch an Stationen – 1. Lernjahr © Auer Verlag – AAP Lehrerfachverlage GmbH, Donauwörth

Station 2

Name: ______________________

Qu'est-ce que c'est?

Exercice 1

Traduis les questions et les réponses. Ecris-les dans ton cahier.

1. Was ist das? – Das ist mein neuer Pullover.
2. Was ist das? – Das sind unsere Bücher.
3. Was ist das unter dem Tisch? – Das ist mein Mäppchen.
4. Was ist das im Schrank? – Das sind meine neuen Pullover.
5. Was ist das in deinem Buch? – Das ist meine Adresse.
6. Was ist das in deiner Hand? – Das ist mein Handy.
7. Was ist das in deinem Mund? – Das ist ein Bonbon.
8. Was ist das? – Das ist ein rotes Auto.
9. Was ist das in deinem Rucksack? – Das sind meine Bücher und mein Mäppchen.
10. Was ist das in der Garage? – Das ist unser neues Auto.

Exercice 2

Montre quelque chose (p.ex. un livre/sac/stylo) à ton partenaire et demande-lui: *Qu'est-ce que c'est?* Il répond: *C'est …*

Exercice 3

Ecris les questions et les réponses correctes dans ton cahier.

Ex.: *Qu'est-ce que c'est? C'est un cartable.*

Schulranzen

1. 

Auto

2. 

Häuser

3. 

Fahrrad

4. 

Stuhl

5. 

Koffer

6. 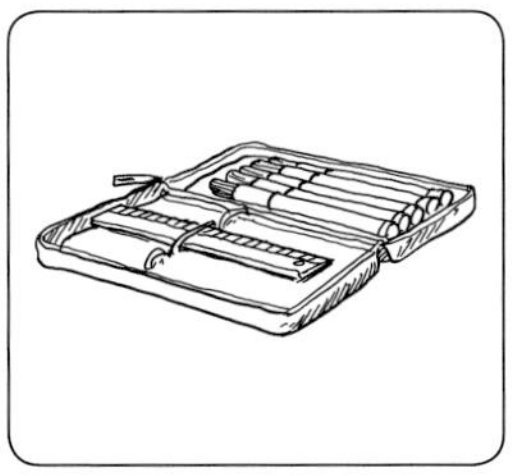

Mäppchen

Katharina Walter: Französisch an Stationen – 1. Lernjahr © Auer Verlag – AAP Lehrerfachverlage GmbH, Donauwörth

Station 3

Name: ______________________

Quand est-ce qu'il arrive?

Exercice 1

Ecris les questions qui correspondent aux réponses dans ton cahier. Puis traduis les questions et les réponses.

1. Il va rencontrer ses amis vers sept heures.
2. Ils vont arriver à neuf heures.
3. On va manger à six heures.
4. Nous allons passer le test jeudi.
5. Je vais te téléphoner à quatre heures.
6. Le film commence à vingt heures.
7. Le concert est vendredi à vingt et une heure.
8. Je vais t'aider samedi.
9. Son anniversaire est en octobre.
10. Ils vont les rencontrer dimanche vers dix heures.

Exercice 2

Demande à ton partenaire quand les choses vont se passer. Il répond.

1. Nous – écrire le test de biologie/vendredi à huit heures.
2. Pierre – rentrer de la France/la semaine prochaine.
3. Les filles – la rencontrer/à quatre heures
4. Ta mère – revenir/le soir
5. Le nouveau prof d'anglais – arriver/la semaine prochaine

Exercice 3

Demande à un partenaire quand il fait les choses suivantes. Note ses réponses dans ton cahier.

1. prendre le petit-déjeuner
2. prendre une douche le matin
3. aller à l'école
4. arriver à la maison
5. faire tes devoirs
6. déjeuner
7. rencontrer tes amis
8. aller au lit
9. regarder la télé

Katharina Walter: Französisch an Stationen – 1. Lernjahr © Auer Verlag – AAP Lehrerfachverlage GmbH, Donauwörth

Station 4

Pourquoi est-ce qu'il ne vient pas?

Name: ______________________

Exercice 1

Note les questions dans ton cahier.

1. Parce qu'il a peur. (ne pas venir / Tom)
2. Parce qu'il n y a pas de pommes. (manger / poires / Sandra)
3. Parce que j'ai 14 ans. (pouvoir entrer / tu)
4. Parce qu'on s'appelle Mercier aussi. (être surpris / les enfants)
5. Parce qu'elle regarde la télé. (ne pas venir / Jacqueline)
6. Parce qu'ils ont rendez-vous à six heures dans le parc. (ne pas être à la maison à huit heures / Marion et Jean)
7. Parce que Marie n'a pas fait les devoirs d'anglais. (être énervé / le prof)

Exercice 2

Ecris cinq questions avec *est-ce que* pour ton partenaire.
Il répond par *oui* ou par *non*.
Après, tu lui demandes pourquoi. Note ses réponses dans ton cahier.

Exercice 3

Quelles réponses correspondent à quelles questions? Ecris les dialogues dans ton cahier.

Réponses:

1. Parce qu'on n'a pas de beurre pour le pain.
2. Parce que Pierre n'est pas là.
3. Parce que j'ai mal à la tête.
4. Parce que les Minoirs n'habitent plus à Paris.
5. Parce que ma famille est en vacances.
6. Parce que nous n'avons pas faim.

Questions:

a. Pourquoi est-ce que nous ne faisons pas de crêpes?
b. Pourquoi est-ce que tu ne veux pas écouter de la musique?
c. Pourquoi est-ce que nous ne rendons pas visite aux Minoirs?
d. Pourquoi est-ce que Marie s'en va déjà?
e. Pourquoi est-ce qu'il n'y a personne à la maison?
f. Pourquoi est-ce que nous ne mangeons pas de pain ce soir?

Katharina Walter: Französisch an Stationen – 1. Lernjahr © Auer Verlag – AAP Lehrerfachverlage GmbH, Donauwörth

Station 5

Name: ____________

Comment ça va?

Exercice 1

Comment est-ce que les garçons vont? Ecris des phrases.

1. ____________

2. ____________

3. ____________

4. ____________

5. ____________

Exercice 2

Pose la question *Comment ça va*? à cinq personnes de ta classe et note les réponses dans ton cahier. Ecris des dialogues.

Exercice 3

Pose les cinq questions avec *Comment* qui vont avec les réponses suivantes. Ecris-les dans ton cahier.

1. Je vais bien, merci.
2. On l'écrit C-A-T-H-É-R-I-N-E.
3. Mon chien? Il s'appelle M. Renard.
4. Je trouve la maison très belle.
5. Nous allons comme ci comme ça, merci.

Katharina Walter: Französisch an Stationen – 1. Lernjahr © Auer Verlag – AAP Lehrerfachverlage GmbH, Donauwörth

Station 6

Name: ____________

Où sont mes chaussures?

Exercice 1

~~livres~~ ordinateur nounours chaussettes
tee-shirt voiture ballon

Trouve les choses sur l'image. Note les questions de Marie et ses réponses.
Ex.: *Où sont mes livres? Ah, ils sont sur l'étagère.*

Exercice 2

Demande à un partenaire où cinq choses se trouvent dans la classe.
Il répond par *Il/Elle est derrière/devant/à côté de/sous/sur/…*
Après, c'est à toi.

Exercice 3

Traduis les phrases suivantes et écris-les dans ton cahier.

1. Wo sind meine Hefte?
2. Wo wohnt Muriel?
3. Wo ist mein Mäppchen?
4. Wo feiern die Jungen ihren Geburtstag?
5. Wo ist der Garten?
6. Wo finde ich die Küche?
7. Wo sind unsere Bücher?

Katharina Walter: Französisch an Stationen – 1. Lernjahr © Auer Verlag – AAP Lehrerfachverlage GmbH, Donauwörth

Station 7

Name: ____________

Quel est ton livre préféré?

Exercice 1

Complète le premier tableau avec la forme correcte de l'interrogatif *quel*. Traduis les questions du deuxième tableau.

1.

	masculin	féminin
singulier		
pluriel		

2.

Welcher Zug?	
Welche Hotels?	
Welche Tür?	
Welches Museum?	
Welche Bäckereien?	
Welche Röcke?	
Welche Jacken?	
Welches Mädchen?	
Welche Männer?	
Welche Tage?	

Exercice 2

Pose les questions avec *quel/quelle/quels/quelles* qui correspondent aux réponses. Note-les dans ton cahier.

1. J'ai douze ans.
2. Il est une heure.
3. J'habite à Francfort.
4. J'aime les livres de Marc Twain.
5. Je préfère les jeux de Ravensburger®.
6. Marc prend du thé vert.

Katharina Walter: Französisch an Stationen – 1. Lernjahr © Auer Verlag – AAP Lehrerfachverlage GmbH, Donauwörth

Station 8

Name:

Est-ce que ...

Exercice 1

Pose les questions avec *est-ce que* qui correspondent aux réponses. Note-les dans ton cahier.

1. Oui, j'ai un frère.
2. Non, je n'habite pas à Berlin.
3. Oui, elles sont dans le jardin.
4. Oui, elle s'appelle Marianne.
5. Non, mes parents ne sont pas à la maison.
6. Oui, il a peur.
7. Non, nous ne mangeons pas de pommes de terre.
8. Oui, j'aime faire de la musique.
9. Oui, les enfants vont à l'école.
10. Non, l'école ne se trouve pas dans cette rue.

Exercice 2

Pose cinq questions avec *est-ce que* à un partenaire et note les questions et ses réponses dans ton cahier.

Réponds aux questions de ton partenaire aussi.

Exercice 3

Fais le tandem avec un partenaire et remplis les lacunes (→ Matériel).

Katharina Walter: Französisch an Stationen – 1. Lernjahr © Auer Verlag – AAP Lehrerfachverlage GmbH, Donauwörth

Station 8

Name: ______________________

Matériel

Partenaire A	*Partenaire B*
1. Oui, Marie a une adresse e-mail. *(Est-ce que Marie a une adresse e-mail?)*	1. ______________ Marie a une adresse e-mail? – Oui.
2. ______________ Tom est un chien? – Oui.	2. Oui, Tom est un chien. *(Est-ce que Tom est un chien?)*
3. Non, je ne travaille pas beaucoup dans le jardin. *(Est-ce que vous travaillez beaucoup dans le jardin?)*	3. ______________ vous travaillez beaucoup dans le jardin? – Non.
4. ______________ nous allons au cinéma? – Non.	4. Non, nous n'allons pas au cinéma. *(Est-ce que nous allons au cinéma?)*
5. Mme Dutrou travaille au marché. *(Où est-ce que Mme Dutrou travaille?)*	5. ______________ Mme Dutrou travaille? – Au marché.
6. ______________ Pierre cherche son sac? – Dans sa chambre.	6. Pierre cherche son sac dans sa chambre. *(Où est-ce que Pierre cherche son sac?)*
7. Elles habitent à Paris. *(Où est-ce qu'elles habitent?)*	7. ______________ elles habitent? – A Paris.
8. ______________ elle pose le pain? – Sur la table.	8. Elle pose le pain sur la table. *(Où est-ce qu'elle pose le pain?)*
9. Samuel fait de l'escalade. *(Qu'est-ce que Samuel fait?)*	9. ______________ Samuel fait? – De l'escalade.
10. ______________ nous allons manger? – Des hamburgers.	10. Nous allons manger des hamburgers. *(Qu'est-ce que nous allons manger?)*
11. Non, maman n'arrête pas la télé. *(Est-ce que maman arrête la télé?)*	11. ______________ maman arrête la télé? – Non.
12. ______________ ils arrivent à Berlin? – Oui.	12. Oui, ils arrivent à Berlin. *(Est-ce qu'ils arrivent à Berlin?)*
13. Oui, Mamie téléphone dans la cuisine. *(Est-ce que mamie téléphone dans la cuisine?)*	13. ______________ mamie téléphone dans la cuisine? – Oui.
14. ______________ les parents de Jeanne sont super? – Oui.	14. Oui, les parents de Jeanne sont super. *(Est-ce que les parents de Jeanne sont super?)*

Katharina Walter: Französisch an Stationen – 1. Lernjahr © Auer Verlag – AAP Lehrerfachverlage GmbH, Donauwörth

Station 9

Name: ____________

Les questions

Exercice 1

Trouve les pronoms interrogatifs corrects.

1. ______________ les jeunes vont faire une fête? – Oui, ils vont faire une fête.
2. ______________ est-ce que tu vas arriver à huit heures? – Parce que je vais être au club avant.
3. ______________ ils vont préparer pour la fête? – Ils vont préparer une pizza.
4. ______________ est-ce qu'ils vont faire la fête? – Ils vont faire la fête à huit heures.
5. ______________ est-ce qu'ils vont faire la fête? – Ils vont faire la fête au club.

Exercice 2

Ecris des questions avec *où, quand, qui, pourquoi, qu'est-ce que* et *quand*. Pose les questions à un partenaire et note ses réponses dans ton cahier.

Exercice 3

Ecris les questions qui correspondent aux réponses dans ton cahier.

Ex.: *Pierre arrive à Paris. – Où est-ce que Pierre arrive?*

1. Pierre va arriver à sept heures.
2. Je vais apprendre mon vocabulaire.
3. Les filles vont arriver à la Gare du Nord à Paris.
4. Vous allez arriver à Londres.
5. Ça va bien, merci.
6. Je ne viens pas parce que je vais regarder la télé.

Katharina Walter: Französisch an Stationen – 1. Lernjahr © Auer Verlag – AAP Lehrerfachverlage GmbH, Donauwörth

Station 1

Les articles

Name: ______________________

Exercice 1

Trouve les articles indéfinis pour les mots.

1. ________ tomates
2. ________ voiture
3. ________ école
4. ________ fille
5. ________ stylos
6. ________ banane
7. ________ journal
8. ________ maison
9. ________ jardin
10. ________ livres
11. ________ cahier
12. ________ sac à dos

Exercice 2

Qu'est-ce que tu vois sur les images? Ce sont les choses de qui? Ecris la solution dans ton cahier.

M. Grenier

Ex.: *C'est **un** poulet. C'est **le** poulet de qui? C'est **le** poulet **de** M. Grenier.*

1. 

Sarah

2. 

nous

3. 

Miriam

4. 

Tom et Lily

Exercice 3

Montre quelque chose que tu vois dans la salle de classe à un partenaire et demande-lui: *Qu'est-ce que c'est?* Il répond: *C'est …* Puis tu lui demandes: *C'est le/la … de qui?* Ton partenaire répond: *C'est le/la … de …* Chacun joue trois fois.

Katharina Walter: Französisch an Stationen – 1. Lernjahr © Auer Verlag – AAP Lehrerfachverlage GmbH, Donauwörth

Name:

A la/à l'/au/aux

Exercice 1

Où est-ce que les enfants vont? Ecris les phrases dans ton cahier.
Ex.: *Ils vont à la bibliothèque.*

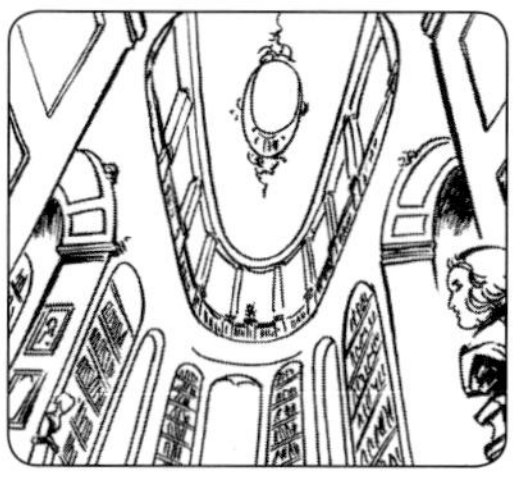
Bibliothek

1. 
Schule

2. 
Wochenmarkt

3. 
Turnhalle

4. 
Friseursalon

5. 
New York

6. 
Theater

7. 
Kirche

Exercice 2

Rajoute tes activités et les activités de ton partenaire.
Utilise par exemple les mots suivants:

aller à/à la/au/aux/chez … + théâtre, cinéma, fête, copain/copine, ami(e), square, collège, cantine, maison, gymnase, Paris, un prof, les voisins, restaurant, cousin(e) …

Le jour	Tes activités	Les activités de ton partenaire
Lundi		
Mardi		
Mercredi		
Jeudi		
Vendredi		
Samedi		
Dimanche		

Katharina Walter: Französisch an Stationen – 1. Lernjahr © Auer Verlag – AAP Lehrerfachverlage GmbH, Donauwörth

Station 3

Name:

De la/de l'/du/des

Exercice 1

Fais une croix (X) à la bonne place.

du	de la	de l'	des	
			×	tomates
				pain
				pommes de terre
				sel
				eau minérale
				coca
				sucre
				café
				limonade
				légumes
				confiture
				pommes
				poires
				fruits
				salade
				thé
				fleurs
				huile
				jus d'orange

Exercice 2

Jouez un dialogue au (super)marché.

Formulez des phrases (→ Matériel 1). Utilisez le vocabulaire de l'exercice 1 pour dire ce que vous achetez/prenez/voulez.

Ecrivez votre dialogue dans votre cahier.

Exercice 3

Décris ce qu'il y a dans le frigo (→ Matériel 2). *Dans le frigo, il y a ✓ .../il n'y a pas x ...*
Ecris les phrases dans ton cahier.

Katharina Walter: Französisch an Stationen – 1. Lernjahr © Auer Verlag – AAP Lehrerfachverlage GmbH, Donauwörth

Station 3

Name:

Matériel 1

Je prends / J'achète / Je voudrais / Donnez-moi ...

- **un kilo, deux kilos, une livre ...**
- **un pot, un tube, un sac ...**
- **une bouteille, un verre ...**
- **un morceau, une tranche ...**
- **un litre, un demi-litre ...**
- **une douzaine, un tas ...**
- **un mètre, un centimètre ...**
- **peu, un peu, assez, beaucoup ...**
- **moins, plus ...**
- **ne ... pas, ne ... plus ...**

Katharina Walter: Französisch an Stationen – 1. Lernjahr © Auer Verlag – AAP Lehrerfachverlage GmbH, Donauwörth

Name: ______________________

Matériel 2

1. jus d'orange ✓
2. café ✗
3. bananes ✗
4. salade ✓
5. jambon ✓
6. eau ✓
7. confiture ✗
8. pain ✗
9. yaourts ✓
10. thé ✗

Katharina Walter: Französisch an Stationen – 1. Lernjahr © Auer Verlag – AAP Lehrerfachverlage GmbH, Donauwörth

Les pronoms personnels

Name: ____________________

Exercice

Remplace les personnes par les pronoms.

1. Le prof donne beaucoup de devoirs aux enfants.
   - ☐ je
   - ☐ il
   - ☐ nous

2. «Sandra? Jeanne? … avez soif?»
   - ☐ nous
   - ☐ vous
   - ☐ tu

3. Mes soeurs habitent à Paris.
   - ☐ ils
   - ☐ on
   - ☐ elles

4. Jacques ferme la porte.
   - ☐ elle
   - ☐ ils
   - ☐ il

5. Jeanne aime bien sa chatte Sandrine.
   - ☐ elle
   - ☐ on
   - ☐ tu

6. Mes amies peuvent rester chez nous?
   - ☐ ils
   - ☐ vous
   - ☐ elles

7. Pierre et Jeanne sont dans la cour.
   - ☐ ils
   - ☐ elles
   - ☐ nous

8. Les fleurs sont pour maman et toi.
   - ☐ nous
   - ☐ vous
   - ☐ elles

9. Pierre et moi habitons dans la même rue.
   - ☐ vous
   - ☐ nous
   - ☐ je

10. «Sandrine, … viens?
    - ☐ je
    - ☐ tu
    - ☐ on

11. Marie et Emilie vont au cinéma avec leurs parents.
    - ☐ elles
    - ☐ ils
    - ☐ elle

12. Les fils de Julie ont huit ans.
    - ☐ elle
    - ☐ ils
    - ☐ elles

Katharina Walter: Französisch an Stationen – 1. Lernjahr © Auer Verlag – AAP Lehrerfachverlage GmbH, Donauwörth

Name: ______________________

Les couleurs

Exercice 1

De quelle couleur sont les choses suivantes? Ecris sur les lignes la forme féminine et la forme masculine.

1.  ______________________

2.  ______________________

3.  ______________________

4.  ______________________

5.  ______________________

6.  ______________________

Exercice 2

Décris ta salle de classe. Ajoute les couleurs. Ecris dix phrases dans ton cahier.

Ex.: *Dans notre salle de classe, il y a des fenêtres blanches.*

Katharina Walter: Französisch an Stationen – 1. Lernjahr © Auer Verlag – AAP Lehrerfachverlage GmbH, Donauwörth

Name: ____________

Le corps I

Exercice 1

Trouve le nom correct pour chaque partie du corps.

1. 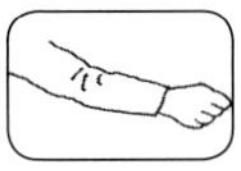 ______
2. 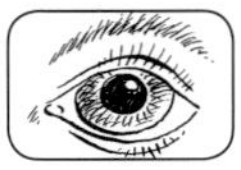 ______
3. 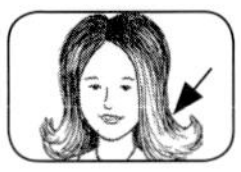 ______
4.  ______
5. 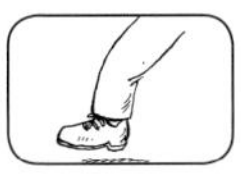 ______
6. 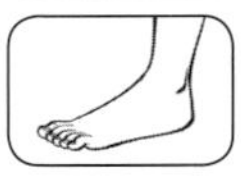 ______
7. 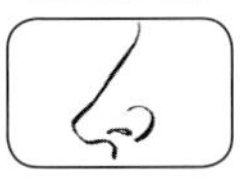 ______
8. 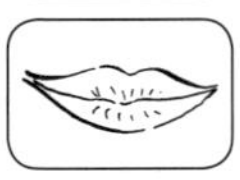 ______
9. 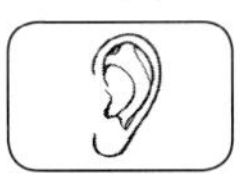 ______
10. 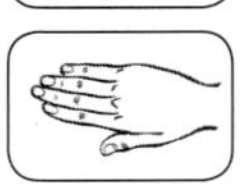 ______

a) jambe, b) cheveux, c) bras, d) nez, e) main,

f) oreille, g) bouche, h) œil, i) tête, j) pied

Exercice 2

Note les noms des parties du corps sur les lignes.

Katharina Walter: Französisch an Stationen – 1. Lernjahr © Auer Verlag – AAP Lehrerfachverlage GmbH, Donauwörth

Station 7

Name: ____________________

Le corps II

Exercice 1

Trouve la solution des mots croisés.

	5▼			1▼			
2▶							
3▼			1▶				
		4▶			4▼		
						2▼	
	3▶						
5▶							

vertical:

1. Arm
2. Hals
3. Fuß
4. Nase
5. Augen

horizontal:

1. Bein
2. Bauch
3. Haare
4. Rücken
5. Ohr

Exercice 2

Bouge la jambe.
Ordonne à un partenaire ce qu'il doit faire. Ex.: *Bouge la main.*
Utilise p.ex. les verbes *prendre, toucher, bouger, pencher, lever.*
Puis changez de rôle.

Katharina Walter: Französisch an Stationen – 1. Lernjahr © Auer Verlag – AAP Lehrerfachverlage GmbH, Donauwörth

Name: ______________________

Les vêtements

Exercice 1

Joue aux dominos.

Exercice 2

Traduis les phrases suivantes.

1. Meine Mutter kauft einen neuen Schal.

____

2. Sarah hat eine Bluse und eine Jacke an.

____

3. Ich kaufe eine neue Mütze.

____

4. Pierre trägt eine Hose und einen gelben Pullover.

____

5. Jules trägt seine Badehose.

____

6. Marie und Lina schauen sich die neuen Röcke an.

____

7. In meiner Klasse trägt niemand ein Kleid.

____

Exercice 3

Dessine un vêtement et ton partenaire le devine.
Puis c'est à lui de faire une peinture.
Chacun doit faire trois peintures.

Katharina Walter: Französisch an Stationen – 1. Lernjahr © Auer Verlag – AAP Lehrerfachverlage GmbH, Donauwörth

Dominos

Name:

pantalon	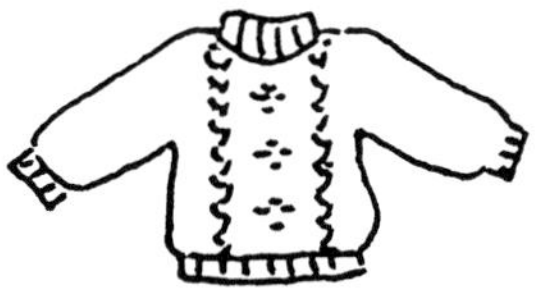
pullover	
bonnet	
anorak	
chaussures	
chaussettes	
écharpe	
chapeau	
jupe	
chemisier	
robe	

Katharina Walter: Französisch an Stationen – 1. Lernjahr © Auer Verlag – AAP Lehrerfachverlage GmbH, Donauwörth

Les adjectifs possessifs

Name: ______

Exercice 1

Trouve les formes qui manquent. (*mon, ma, mes – ton, ta, tes – son, sa, ses*)

1. «Regarde, il y a Pierre avec s______ chien. Il s'appelle Léo.»
2. «Oh, les cadeaux sont très jolis. Ce sont t______ cadeaux?» – «Non, ce ne sont pas m______ cadeaux. Ce sont les cadeaux de Charlotte.»
3. «C'est s______ chambre?» – «Oui, c'est s______ chambre.»
4. «Pierre, où sont m______ stylos?» – «T______ stylos sont sur la table!»
5. «Regarde, sur la photo, il y a t______ copines Tina et Sarah et t______ copain Jacques.»
6. «Ça, c'est m______ chambre. Il y a m______ ordinateur, m______ livres, m______ radio, m______ table et m______ chaises.»

Exercice 2

Trouve les formes qui manquent. (*mon/ma/mes – ton/ta/tes – son/sa/ses – notre/nos – votre/vos – leur/leurs)*

Sandra a rendez-vous avec Pierre …

1. Sandra: «Pierre, c'est ______ ordinateur? Et c'est ______ chambre?»
2. Pierre: «Oui, c'est ______ ordinateur. Et voilà, ______ photos, ______ sœur Jenny et ______ frère Antoine!»
3. Sandra: «J'aime la photo de ______ sœur Jenny. Elle est sympa. Où sont ______ parents?»
4. Pierre: «______ parents sont dans la cuisine. On dit bonjour?»
   Sandra: «Oui …»
5. Pierre: «Regarde, ça, c'est ______ cuisine, ______ salon et le piano de ______ sœur et de ______ frère.»
6. Sandra: «Oh, j'aime bien ______ piano! Où sont ______ toilettes?»
7. Pierre: «______ toilettes sont là, près de ______ cuisine.»
8. Sandra: «Et où sont les chambres de ______ sœur et de ______ frère?»
9. Pierre: «______ chambres sont au deuxième étage!»

Katharina Walter: Französisch an Stationen – 1. Lernjahr © Auer Verlag – AAP Lehrerfachverlage GmbH, Donauwörth

Station 1: Ma journée

Page 9

Exercice 1

A six heures du matin, je **vais** à la salle de bains et je **prends** une douche. Je **quitte** la maison à sept heures moins dix. A sept heures et quart, j'**arrive** au collège. La première heure de cours **commence** à huit heures. Après la première heure de cours, on **a** une petite récréation de cinq minutes. Après, nous **avons** allemand et anglais et après, une grande récré de 30 minutes. Après les cours, nous **devons** nettoyer notre salle de classe. L'après-midi, nous **avons** la possibilité de **faire** du sport ou de **participer** aux clubs. Entre midi et une heure, on **fait** une pause, on **discute** avec les copains ou on **joue** au ping-pong.
A quatre heures, nous **pouvons** prendre le bus pour **rentrer** à la maison. Puis je **fais** mes devoirs jusqu'à cinq ou six heures. Après, je **rencontre** mes copains pendant une heure et on **mange** en famille à sept heures. Je ne **vais** pas au lit très tard. On **regarde** la télé ensemble et à neuf heures, je **suis** très fatigué et mon frère et moi, nous **allons** au lit.

Station 2: Qu'est-ce qu'on fait aujourd'hui?

Page 10

Exercice 1

Marie et Camille vont en ville.
Jacques téléphone à Pierre.
Pauline rencontre ses amis.
Paul et Marc regardent la télé.

Exercice 3

1. Pierre écoute un CD des Beatles.
2. Pierre téléphone à Jean.
3. Pierre répare son vélo.
4. Pierre joue au foot avec Jean.
5. Pierre fait les courses pour maman.

Station 3: Je ne suis pas à la maison

Page 11

Exercice 2

1. Non, je ne suis pas à la maison.
2. Non, on ne joue pas au foot ensemble.
3. Non, je n'ai pas de devoirs pour aujourd'hui.
4. Non, on ne mange pas ensemble.
5. Non, nous ne sommes pas dans la chambre de Pierre.
6. Non, il n'habite pas dans ma rue.
7. Non, les filles ne sont pas dans le jardin.
8. Non, je n'ai pas soif.
9. Non, je n'aime pas jouer au tennis.
10. Non, je n'ai pas de frères et sœurs.

Station 4: Tu aimes ça?

Page 12

Exercice 1

1. Pierre aime les films.
   Sarah aime les livres.
   Jeanne et Marc aiment les BD.
   Les filles aiment les chansons.
   Maman aime les oranges.
   M. Levois aime les fruits.
   Tom et Lucas aiment l'ordinateur.
   Ta famille aime Berlin.

2. Sandra aime regarder la télé.
   Les garçons aiment lire.
   Marie aime jouer au foot.
   Ma tante aime danser.
   Les Gernod aiment aller à la piscine.
   Les enfants aiment dormir.

3. Mon père adore les chats et les chiens.
   Mes sœurs détestent le dimanche.
   Jean adore les tomates.
   Tom et Julie détestent les artichauts.
   Sarah et Marie adorent les maths.
   La classe déteste la chimie.

Katharina Walter: Französisch an Stationen – 1. Lernjahr © Auer Verlag – AAP Lehrerfachverlage GmbH, Donauwörth

Station 5: La famille

Page 13

Exercice 1 + 3

nièce – Nichte
mère – Mutter
maman – Mama
père – Vater
papa – Papa
cousin – Cousin
cousine – Cousine
grand-père – Groβvater
grand-mère – Groβmutter
neveu – Neffe
oncle – Onkel
tante – Tante

Exercice 4

1. Mutter – une mère
2. Vater – un père
3. Schwester – une sœur
4. Bruder – un frère
5. Mädchen – une fille
6. Junge – un garçon
7. Groβmutter – une grand-mère
8. Groβvater – un grand-père
9. Tante – une tante
10. Onkel – un oncle
11. Nichte – une nièce
12. Neffe – un neveu

Station 7: Les relations

Page 16

Exercice 1

1. le père
2. la mère
3. les parents
4. le frère
5. la sœur
6. le grand-père
7. la grand-mère
8. les grands-parents
9. la tante
10. l'oncle
11. la cousine
12. le cousin
13. le fils
14. la fille
15. les enfants

Station 8: Ma chambre

Page 17

Exercice 1

Exercice 3

1. In Pierres Zimmer sind ein Tisch und zwei Stühle.
2. In Janines Zimmer sind ein Fenster und drei Regale.
3. In meinem Zimmer sind ein Teppich und vier Lampen.
4. In Jacques Zimmer sind ein Bett und zwei Sofas.
5. Im Zimmer unserer Eltern sind ein groβes Bett, zwei Schränke, ein Tisch und zwei Stühle.

Katharina Walter: Französisch an Stationen – 1. Lernjahr © Auer Verlag – AAP Lehrerfachverlage GmbH, Donauwörth

Station 9: Avoir et être

Page 18

Exercice 1

1. j'ai
   tu as
   il/elle/on a
   nous avons
   vous avez
   ils/elles ont
2. je suis
   tu es
   il/elle/on est
   nous sommes
   vous êtes
   ils/elles sont

Exercice 2

1. J'**ai** 13 ans.
2. Nous **sommes** à l'école à huit heures.
3. Est-ce que tu **as** des frères et sœurs?
4. Vous **avez** une idée?
5. On **est** à la piscine à trois heures.
6. Les frères **ont** 18 ans. Donc, ils ne **sont** pas à Londres chez leurs familles.

Station 10: Les verbes

Page 19

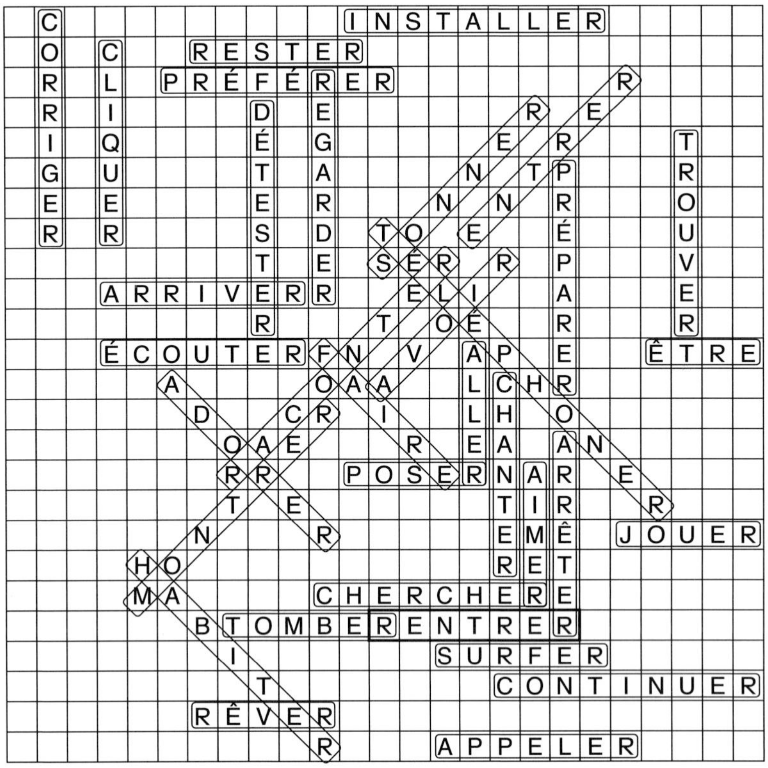

Station 11: La maison

Page 20

Exercice 1

1. la salle de séjour
2. la cuisine
3. le garage
4. la salle de bains
5. les toilettes
6. la chambre (à coucher)
7. la chambre d'enfant
8. le couloir
9. le grenier
10. le bureau
11. la cave
12. le jardin

Exercice 2

1. la salle de bains
2. la salle de séjour
3. la baignoire
4. les meubles
5. les escaliers
6. la porte
7. la chaise
8. le canapé
9. la chambre (à coucher)
10. la cuisine
11. la salle à manger
12. la chambre d'enfant
13. le couloir
14. la cave
15. le garage
16. le grenier
17. la maison
18. l'étage
19. les toilettes
20. le balcon
21. la table
22. le toit
23. la cheminée
24. la cour
25. le bureau

Katharina Walter: Französisch an Stationen – 1. Lernjahr © Auer Verlag – AAP Lehrerfachverlage GmbH, Donauwörth

Station 1: Aller et les choses à faire

Page 23

Exercice 1

Je	vais	à l'école.
Tu	vas	chez un copain.
Il	va	à l'église.
Elle	va	chez le docteur.
On	va	à la piscine.
Nous	allons	main dans la main.
Vous	allez	avec nous?
Ils	vont	en ville.
Elles	vont	chez Serge.

Exercice 3

1. La fille va réparer le vélo.
2. Le garçon va lire un livre.
3. Les garçons vont jouer au foot.
4. L'homme va faire la cuisine.
5. Les enfants vont jouer au ballon.

Station 2: Je vais jouer au foot

Page 25

Exercice 1

1. M. Renard **va aller** au travail demain matin.
2. Mme Grenouille **va manger** des pommes.
3. Mardi, les enfants **vont écrire** des lettres.
4. Dimanche, on **va rendre visite** à grand-mère.
5. Mes parents **vont passer** les vacances en Allemagne.
6. Sandra **va regarder** la télé ce soir.
7. Les garçons **vont jouer** au foot cet après-midi.
8. Mes copines **vont arriver** vers trois heures.
9. Pierre **va prendre** le train samedi.
10. Nous **allons manger** vers sept heures.

Exercice 2

1. Demain, je vais jouer au foot.
2. Vendredi, on va passer/nous allons passer un test.
3. Ils/Elles vont arriver à midi.
4. Pierre va rencontrer Sam après l'école.
5. Je vais regarder la télé.
6. Mes profs vont nous donner le test mercredi.
7. Jeudi, mes parents vont aller en vacances.
8. Ce week-end, les filles vont faire une fête.
9. Tu vas écouter le CD avec moi?
10. Cet après-midi, nous allons/on va manger une glace.

Station 3: Je ne vais pas le rencontrer

Page 26

Exercice 1

1. Jeanne ne va pas faire de la natation.
2. Pierre ne va pas jouer au foot.
3. Sandrine et Emilie ne vont pas manger de glace.
4. Julie ne va pas jouer de la guitare.
5. Thomas et Patrice ne vont pas faire du vélo.

Exercice 2

1. Je ne vais pas te téléphoner.
2. On ne va pas aller à l'école.
3. Les enfants ne vont pas jouer au foot.
4. Ma mère ne va pas prendre le déjeuner avec nous.
5. Mes copines ne vont pas venir au cinéma.
6. Notre prof ne va pas corriger les tests.
7. Mon père et son chef ne vont pas venir ce soir.
8. Je ne vais pas faire mes devoirs cet après-midi.
9. Il ne va pas acheter un nouveau vélo à trois heures.
10. Son père ne va pas l'aider.

Exercice 3

A

1. Je ne vais pas réparer la voiture.
2. Je ne vais pas parler à Michelle.
3. Je ne vais pas prendre le bus.
4. Je ne vais pas manger de frites.
5. Je ne vais pas faire les courses.
6. Je ne vais pas prendre une douche.

B

1. Je ne vais pas aller au cinéma.
2. Je ne vais pas rencontrer Janine.
3. Je ne vais pas acheter de nouvelles chaussures.
4. Je ne vais pas apprendre le vocabulaire.
5. Je ne vais pas faire les devoirs.
6. Je ne vais pas aller au lit tôt.

Katharina Walter: Französisch an Stationen – 1. Lernjahr © Auer Verlag – AAP Lehrerfachverlage GmbH, Donauwörth

Station 4: Les activités sportives

Page 27

Exercice 1

1. faire du ski
2. jouer au foot
3. jouer au tennis
4. faire de la natation
5. faire de l'escalade
6. jouer au ping-pong
7. jouer au volley
8. faire du cheval

Exercice 2

1. Lundi, Pierre fait de la natation.
2. Mardi, Sandrine et Emilie font du cheval.
3. Samedi, Marc joue au foot.
4. Mercredi, Thomas et Jean jouent au tennis.
5. Dimanche, Sandra fait de l'escalade.
6. Chaque jour de la semaine, Ahmed joue au ping-pong.
7. En janvier, les filles font du ski.

Station 5: Mon activité préférée

Page 28

Exercice 2

Muriel déteste la télé. Marc aime la télé.
Thomas aime encore mieux la télé et Jeanne adore la télé.
Muriel aime la radio.
Marc adore les CD.
Marc aime le rock. Jeanne aime encore mieux le rock.
Thomas déteste les films.
Jeanne déteste le sport.
Marc aime les livres.
Thomas aime les BD. Muriel aime encore mieux les BD.
Thomas adore le collège.
Jeanne aime les copains.

Station 6: Mes hobbies

Page 30

Exercice

Pierre aime faire de la natation, mais il déteste lire.
Jeanne adore écouter de la musique, mais elle déteste jouer au foot.
Pierre déteste chanter, mais il adore jouer au tennis.
Jeanne déteste dormir.
Pierre aime téléphoner aux amis.
Jeanne aime aller au cinéma, mais elle déteste écrire des lettres et elle déteste danser.

Station 1: La fourniture scolaire

Page 31

Exercice 1

L	I	V	R	E								
							C	R	A	Y	O	N
C				C	R	A	I	E				
A	C			A		R	È	G	L	E	G	
R	A			H							O	
T	R			I							M	
A	N			E							M	
B	E		T	R	O	U	S	S	E		E	
L	T											
E			S	T	Y	L	O			S	A	C

Exercice 2

1. Mon livre est sur la chaise.
2. Mes ciseaux sont dans le sac.
3. Pierre a ma trousse.
4. Sandra écrit avec mon stylo.
5. Le tableau est vert.
6. Où est mon cahier?
7. Le cartable est sous la table.
8. Jeanne cherche la gomme.

Katharina Walter: Französisch an Stationen – 1. Lernjahr © Auer Verlag – AAP Lehrerfachverlage GmbH, Donauwörth

Station 2: L'école en France — Page 32

Exercice 1

école primaire/élémentaire, 5, collège, 11, 14, 6e = sixième, 5e = cinquième, 4e = quatrième und 3e = troisième, lycée, baccalauréat/bac, 17, devoirs

Exercice 2

collège, classe, arrivons, déteste, cour, prof, maths, aime, récréation, cantine, cours, devoirs

Station 3: Notre collège — Page 33

Exercice 1

1. Au collège, il y a une **salle des professeurs**. Les professeurs y vont après les cours et pendant les récréations.
2. Dans le **secrétariat**, on trouve une dame/un monsieur qui est le bras droit du principal du collège.
3. A midi, on mange à la **cantine**.
4. On trouve aussi une **bibliothèque** au collège avec beaucoup de livres à emprunter.
5. Evidemment, on a aussi une **cour** au collège où on va pendant les récréations pour jouer au foot ou parler aux copains.
6. On aime bien le sport au collège. C'est la raison pour laquelle on a un grand **gymnase**.
7. En fin de compte, on trouve des **toilettes** au collège. Il y a celles pour les filles et celles pour les garçons. Et bien sûr, pour les profs aussi!

Station 4: Dans la classe — Page 35

Exercice 1

Heures	Lundi	Mardi	Mercredi	Jeudi	Vendredi
8h00–8h55	Français	Français	Anglais	–	–
9h00–9h55	Français	Anglais	Histoire-géo	EPS	–
9h55–10h15	Récré	Récré	Récré	Récré	Récré
10h15–11h10	Anglais	Anglais	Français	EPS	Allemand
11h15–12h10	Maths	Maths	Art	EPS	Allemand
12h10–14h00	Cantine	Cantine	Cantine	Cantine	Cantine
14h00–14h55	Histoire-géo	EPS	–	–	Art

Station 5: Parlons en classe I — Page 37

Exercice 1

1. Entschuldigung, ich habe es nicht verstanden.
2. Haben wir heute Hausaufgaben (auf)?
3. Nein, das ist falsch.
4. Ja, das ist richtig.
5. Ich habe meine Hausaufgaben nicht gemacht.
6. Wie schreibt man das Wort …?
7. Können Sie das bitte wiederholen?
8. Können Sie das bitte noch mal erklären?
9. Was heißt das auf Deutsch?
10. Wie sagt man/Was heißt «kaufen» auf Französisch?
11. Ich habe eine Frage.
12. Können Sie mir bitte helfen?

Exercice 2

1. Ich habe noch eine Frage.
2. Wer ist dran?
3. Öffnet eure Bücher auf Seite …
4. Machst du bitte weiter?
5. Das ist falsch.
6. Übersetzt du bitte?
7. Wie spricht man dieses Wort aus?
8. Ich habe mein Heft zu Hause vergessen.
9. Haben wir Hausaufgaben für morgen (auf)?
10. Ich verstehe den Ausdruck in Zeile … nicht.

Katharina Walter: Französisch an Stationen – 1. Lernjahr © Auer Verlag – AAP Lehrerfachverlage GmbH, Donauwörth

Station 6: Parlons en classe II

Page 38

Exercice 1

traduire, faire, ouvrir, chercher, écrire, calculer, entrer, fermer, répondre, parler, demander, jouer

Exercice 3

1. Macht Dialoge.
2. Lest die Sätze.
3. Berichtigt/Korrigiert.
4. Wiederholt.
5. Findet die Fehler.
6. Konjugiert die Verben.
7. Arbeitet in Gruppen.
8. Vergleicht die Texte.
9. Schreibt die Antworten in eure Hefte.
10. Spielt die Szene in der Klasse (vor).
11. Macht weiter/Fahrt fort.
12. Kontrolliert eure Aussprache mit der CD.

Station 7: Dans le gymnase

Page 40

Exercice 1

1. der Sport, der Sportler – le sport, le sportif
2. der Sportverein – le club sportif
3. die Turnhalle – le gymnase
4. Fuβball spielen – jouer au foot
5. Tennis spielen – jouer au tennis
6. wandern, die Wanderung – faire de la randonnée, la rendonnée
7. das Schwimmbad – la piscine
8. der Trainer – l'entraîneur
9. Sport treiben – faire du sport
10. das Spiel – le match
11. der Fan – le supporter
12. siegen, der Sieg über – gagner, la victoire sur …
13. verlieren, die Niederlage gegen – perdre, la défaite contre …
14. teilnehmen an – participer à
15. turnen – faire de la gymnastique
16. ein Tor schieβen – marquer un but

Station 8: Le nouveau professeur de maths

Page 41

Exercice

1. Le nouveau prof de maths s'appelle M. Grenier.
2. Il vient de Bordeaux.
3. Oui, il a deux enfants./Oui, il a des enfants.
4. Non, il n'est plus marié.
5. Il aime la ville et ses enfants habitent chez leur mère maintenant.
6. La classe écrit un petit test.

Station 2: Au supermarché

Page 43

Exercice 1

1. Marie **prend** un **ananas**. Pierre et Thomas **prennent** du **pain** et nous **prenons** des **fruits**.
2. Sarah **prend** un kilo de **pommes**. Et vous? Qu'est-ce que vous **prenez**?
3. Alors, moi, je **prends** des **carottes** et une **salade**.
4. Mes parents **prennent** des **pommes de terre** et mon copain Jacques **prend** un peu de **fromage**.

Katharina Walter: Französisch an Stationen – 1. Lernjahr © Auer Verlag – AAP Lehrerfachverlage GmbH, Donauwörth

Station 3: Au marché

Page 45

Exercice 1

A: Bonjour.
B: Bonjour, j'aimerais/je voudrais des bananes, s'il vous plaît.
A: Bon, combien de bananes voulez-vous/prenez-vous?
B: Combien est-ce que les bananes coûtent?
A: Elles coûtent 2 € le kilo.
B: Alors/Ben, je prends un kilo de bananes.
A: Et avec ça?
B: Est-ce que vous avez des poires?
A: Oui, elles coûtent 1,50 € le kilo.
B: Bon, alors, je prends trois kilos de poires et un ananas, s'il vous plaît.
A: L'ananas coûte 1 €.
B: Merci, ça fait combien?
A: Voilà, ça fait 7,50 €, s'il vous plaît.
B: Et voilà.
A: Merci. Au revoir.
B: Au revoir.

Exercice 2

des légumes:
des tomates (f) – Tomaten, des carottes (f) – Möhren, des pommes de terre (f) – Kartoffeln, des haricots (m) – Bohnen, des aubergines (f) – Auberginen, des radis (m) – Radieschen, des concombres (m) – Gurken, des avocats (m) – Avocados, des oignons (m) – Zwiebeln, des salades (f) – Salate, des asperges (f) – Spargel, des petits pois (m) – Erbsen, des champignons (m) – Pilze, de l'ail (m) – Knoblauch, du persil – Petersilie, des poivrons (m) – Paprika, des brocolis (m) – Brokkoli, des choux-fleurs (m) – Blumenkohl, des céleris (m) – Sellerie, des salsifis (m) – Schwarzwurzel

et des fruits:
des pommes (f) – Äpfel, des poires (f) – Birnen, des cerises (f) – Kirschen, des pêches (f) – Pfirsiche, des abricots (m) – Aprikosen, des prunes (f) – Pflaumen, des figues (f) – Feigen, des raisins (m) – Trauben, des mûres (f) – Brombeeren, des framboises (f) – Himbeeren, des fraises (f) – Erdbeeren, des citrons (m) – Zitronen, des oranges (f) – Orangen, des mandarines (f) – Mandarinen, des pamplemousses (m) – Grapefruit, des ananas (m) – Ananas, des bananes (f) – Bananen, des kiwis (m) – Kiwis, des mangues (f) – Mangos, des papayes (f) – Papayas

Station 4: Une invitation

Page 46

Exercice 2

Salut Marie,
Je fais une fête dimanche soir à la maison. On va écouter de la musique, manger des hamburgers, regarder les photos de nos vacances d'été et jouer des jeux dans le jardin. Tu veux venir? Carine et Jeanne vont venir aussi et vous pouvez rester pour la nuit. Mes parents sont d'accord. Bises, Elodie

Station 5: Ma fête

Page 47

Exercice 1

Individuell, mögliche Antwort: Jean regarde dans le frigo. Il doit faire les courses. Il prend la liste et va au supermarché. Là, il achète de la viande. A la caisse, il doit payer 30 euros 70 pour la viande. A la maison, Jean met les tables, les chaises et les CD dans le garage. Samedi soir, les enfants viennent à huit heures à la maison de Jean. Les enfants dansent, mangent et écoutent de la musique. A onze heures du soir, les enfants vont à la maison et disent «Au revoir» à Jean.

Station 1: Les nombres de 1–100

Page 49

Exercice 1

1. zéro, 2. 30, 3. 16, 4. cinquante-cinq, 5. cent, 6. 2, 7. 23, 8. quatre-vingt et un, 9. soixante-quatorze, 10. quatre-vingt-dix-neuf

Exercice 3

trente-trois, trente-quatre, trente-cinq, trente-six, trente-sept, trente-huit, trente-neuf, quarante-deux, quarante-trois, quarante-quatre, quarante-cinq, quarante-six, quarante-sept, quarante-huit, quarante-neuf, cinquante et un, cinquante-deux, cinquante-trois, cinquante-quatre, cinquante-cinq, cinquante-six, cinquante-sept, cinquante-huit, cinquante-neuf, soixante et un, soixante-deux, soixante-trois, soixante-quatre, soixante-cinq, soixante-six, soixante-sept, soixante-huit

Katharina Walter: Französisch an Stationen – 1. Lernjahr © Auer Verlag – AAP Lehrerfachverlage GmbH, Donauwörth

Station 2: Les nombres de 100–1000

Page 52

Exercice 1

1. La vieille voiture coûte mille euros.
2. La maison coûte sept cents quatre-vingt-dix-neuf euros par mois.
3. Les chaussures coûtent cent vingt-trois euros.
4. La chemise Louis Vuitton coûte deux cents dix euros.
5. Les livres coûtent cent trente-neuf euros.
6. Le pullover Boss coûte trois cents quarante euros.
7. Les jeux coûtent deux cents trente-huit euros.
8. Les huit chaises coûtent quatre cents cinquante euros.

Exercice 3

1. cinq cents soixante
2. quarante-trois
3. neuf cents quatre-vingt-dix-huit
4. cinq cents cinquante
5. huit cents soixante et un
6. six cents
7. cinq cents soixante-dix
8. six cents quatre-vingt-six
9. mille
10. huit cents quatre-vingt-dix-neuf

Station 3: Les nombres ordinaux

Page 53

Exercice 1

1. première, 2. deuxième, 3. troisième, 4. quatrième,
5. cinquième, 6. sixième, 7. septième,
9. neuvième, 10. dixième

Exercice 2

1. Lucie est en cinquième.
2. Marie est en onzième.
3. Jean est en neuvième.
4. Noah est en huitième.
5. Jeanne est en sixième.
6. Marc est en dixième.
7. Marine est en douzième.

Station 4: Quelle heure est-il?

Page 54

Exercice 1

A

1. Il est sept heures et demie.
2. Il est six heures moins le quart.
3. Il est minuit.
4. Il est deux heures et quart.
5. Il est midi/minuit et demi.
6. Il est trois heures.
7. Il est huit heures.
8. Il est dix heures moins le quart.
9. Il est midi/minuit et quart.

B

1. Il est sept heures moins le quart.
2. Il est trois heures.
3. Il est six heures et demie.
4. Il est six heures et quart.
5. Il est midi.
6. Il est deux heures.
7. Il est cinq heures et demie.
8. Il est onze heures moins le quart.
9. Il est quatre heures et quart.

Exercice 2

1. Il est une heure et demie.
2. Il est une heure.
3. Il est midi/minuit moins cinq.
4. Il est quatre heures moins le quart.
5. Il est cinq heures.
6. Il est dix heures et demie.
7. Il est trois heures moins cinq.
8. Il est onze heures et demie.
9. Il est dix heures.

Katharina Walter: Französisch an Stationen – 1. Lernjahr © Auer Verlag – AAP Lehrerfachverlage GmbH, Donauwörth

Station 5: Ma journée ordinaire

Page 56

Exercice

1. C'est Michel qui parle.
2. Il va dans la salle de bains à six heures et demie.
3. L'école commence à huit heures.
4. Michel rentre à la maison à une heure.
5. La famille de Michel va en ville et rencontre des amis.
6. Le père de Pierre arrive à sept heures et demie.
7. Michel va au lit vers dix heures moins le quart.

Station 6: Ma semaine

Page 57

Exercice 1

1.
Lundi, je vais danser.
Mardi, j'ai rendez-vous avec mes copains.
Mercredi, je joue au foot.
Jeudi, je ne fais rien.
Vendredi, je fais les devoirs.
Samedi, je rencontre mes grands-parents.
Dimanche, je joue au tennis.

2.
Am Montag gehe ich tanzen.
Am Dienstag treffe ich meine Freunde.
Am Mittwoch spiele ich Fuβball.
Am Donnerstag mache ich nichts.
Am Freitag mache ich die Hausaufgaben.
Am Samstag treffe ich meine Groβeltern.
Am Sonntag spiele ich Tennis.

Exercice 2

lundi – Montag
mardi – Dienstag
mercredi – Mittwoch
jeudi – Donnerstag
vendredi – Freitag
samedi – Samstag
dimanche – Sonntag
semaine – Woche

Exercice 3

1. La fille joue à l'ordinateur tous les mercredis.
2. La fille joue de la guitare tous les jeudis.
3. Le garçon lit un livre tous les samedis.
4. La fille regarde la télé tous les dimanches.
5. Le garçon rencontre son copain tous les mardis.
6. Le garçon fait du vélo tous les vendredis.

Station 7: Les mois de l'année

Page 59

Exercice 1

2. février, 3. mars, 6. juin, 8. août, 10. octobre, 11. novembre

Exercice 2

1. juillet, 2. décembre, 3. avril, 4. novembre, 5. février

Exercice 3

1. hiver
2. été
3. printemps
4. automne

Katharina Walter: Französisch an Stationen – 1. Lernjahr © Auer Verlag – AAP Lehrerfachverlage GmbH, Donauwörth

Station 1: Qui est-ce?

Page 60

Exercice 1

1. Qui est ton père?
2. Avec qui est-ce que tu joues au foot aujourd'hui?
3. Qui peut m'aider?
4. Qui est-ce?
5. C'est à qui?
6. Pour qui est le cadeau?
7. Qui est à la porte?
8. Qui parle?/Qui est à l'appareil?
9. Avec qui est-ce que Pierre danse?
10. A qui est-ce qu'on écrit/est-ce que nous écrivons une carte postale?

Exercice 2

1. Qui est-ce que tu aimes?
2. Qui est ton frère?
3. Qui est à la porte?
4. Qui arrive vers cinq heures?
5. C'est à qui?
6. Pour qui est-ce que tu achètes le livre?
7. Qui habite dans ta rue?
8. Chez qui est-ce qu'on fait la fête?
9. Pour qui est-ce que tu votes?
10. Qui s'appelle M. Renard?

Exercice 3

1. Qui est sur la photo numéro un? – C'est Angela Merkel/Mme Merkel.
2. Qui est sur la photo numéro deux? – C'est Dieter Bohlen/M. Bohlen.
3. Qui est sur la photo numéro trois? – C'est Penelope Cruz/Mme Cruz.

Station 2: Qu'est-ce que c'est?

Page 61

Exercice 1

1. Qu'est-ce que c'est? – C'est mon nouveau pullover.
2. Qu'est-ce que c'est? – Ce sont nos livres.
3. Qu'est-ce que c'est sous la table? – C'est ma trousse.
4. Qu'est-ce que c'est dans l'armoire? – Ce sont mes nouveaux pullovers.
5. Qu'est-ce que c'est dans ton livre? – C'est mon adresse.
6. Qu'est-ce que c'est dans ta main? – C'est mon portable.
7. Qu'est-ce que c'est dans ta bouche? – C'est un bonbon.
8. Qu'est-ce que c'est? – C'est une voiture rouge.
9. Qu'est-ce que c'est dans ton sac à dos? – Ce sont mes livres et ma trousse.
10. Qu'est-ce que c'est dans le garage? – C'est notre nouvelle voiture.

Exercice 3

1. Qu'est-ce que c'est? – C'est une voiture.
2. Qu'est-ce que c'est? – Ce sont des maisons.
3. Qu'est-ce que c'est? – C'est un vélo.
4. Qu'est-ce que c'est? – C'est une chaise.
5. Qu'est-ce que c'est? – C'est une valise.
6. Qu'est-ce que c'est? – C'est une trousse.

Station 3: Quand est-ce qu'il arrive?

Page 62

Exercice 1

1. Quand est-ce qu'il va rencontrer ses amis?
2. Quand est-ce qu'ils vont arriver?
3. Quand est-ce qu'on va manger?
4. Quand est-ce que nous allons passer le test?
5. Quand est-ce que tu vas me téléphoner?
6. Quand est-ce que le film commence?
7. Quand est le concert?
8. Quand est-ce que tu vas m'aider?
9. Quand est son anniversaire?
10. Quand est-ce qu'ils vont les rencontrer?

1. Wann wird er seine Freunde treffen? Er wird seine Freunde gegen sieben Uhr treffen.
2. Wann werden sie kommen? Sie werden um neun Uhr kommen.
3. Wann werden wir essen? Wir werden um sechs Uhr essen.
4. Wann werden wir den Test schreiben? Wir werden den Test am Donnerstag schreiben.
5. Wann wirst du mich anrufen? Ich werde dich um vier Uhr anrufen.
6. Wann fängt der Film an? Der Film fängt um zwanzig Uhr an.
7. Wann ist das Konzert? Das Konzert ist am Freitag um 21 Uhr.
8. Wann wirst du mir helfen? Ich werde dir am Samstag helfen.
9. Wann ist sein Geburtstag? Sein Geburtstag ist im Oktober.
10. Wann werden sie sie treffen? Sie werden sie am Sonntag gegen zehn Uhr treffen.

Katharina Walter: Französisch an Stationen – 1. Lernjahr © Auer Verlag – AAP Lehrerfachverlage GmbH, Donauwörth

Station 3: Quand est-ce qu'il arrive? *(Fortsetzung)* — Page 62

Exercice 2

1. Quand est-ce que nous allons passer le test de biologie? – Nous allons passer le test vendredi à huit heures.
2. Quand est-ce que Pierre va rentrer de la France? – Il va rentrer la semaine prochaine.
3. Quand est-ce que les filles vont la rencontrer? – Elles vont la rencontrer à quatre heures.
4. Quand est-ce que ta mère va revenir? – Elle va revenir ce soir.
5. Quand est-ce que le nouveau prof d'anglais va arriver? – Il va arriver la semaine prochaine.

Exercice 3

1. Quand est-ce que tu prends le petit-déjeuner?
2. Quand est-ce que tu prends une douche le matin?
3. Quand est-ce que tu vas à l'école?
4. Quand est-ce que tu arrives à la maison?
5. Quand est-ce que tu fais tes devoirs?
6. Quand est-ce que tu déjeunes?
7. Quand est-ce que tu rencontres tes amis?
8. Quand est-ce que tu vas au lit?
9. Quand est-ce que tu regardes la télé?

Station 4: Pourquoi est-ce qu'il ne vient pas? — Page 63

Exercice 1

1. Pourquoi est-ce que Tom ne vient pas?
2. Pourquoi est-ce que Sandra mange des poires?
3. Pourquoi est-ce que tu peux entrer?
4. Pourquoi est-ce que les enfants sont surpris?
5. Pourquoi est-ce que Jacqueline ne vient pas?
6. Pourquoi est-ce que Marion et Jean ne sont pas à la maison à huit heures?
7. Pourquoi est-ce que le prof est énervé?

Exercice 3

1. f
2. d
3. b
4. c
5. e
6. a

Station 5: Comment ça va? — Page 64

Exercice 1

1. Il va bien.
2. Il va très bien.
3. Il va comme ci comme ça.
4. Il va mal.
5. Il va très mal.

Exercice 3

1. Comment vas-tu?
2. Comment est-ce qu'on écrit Cathérine?
3. Comment s'appelle ton/votre chien?
4. Comment est-ce que tu trouves/vous trouvez la maison?
5. Comment allez-vous?

Station 6: Où sont mes chaussures? — Page 65

Exercice 1

1. Où est mon ordinateur? – Ah, il est sur la table/le bureau.
2. Où est mon nounours? – Ah, il est sur mon lit.
3. Où sont mes chaussettes ? – Ah, elles sont sur le sol/par terre.
4. Où est mon tee-shirt? – Ah, il est sur le fauteuil.
5. Où est ma voiture? – Ah, elle est sur le sol/par terre.
6. Où est mon ballon? – Ah, il est sur le sol/par terre.

Exercice 3

1. Où sont mes cahiers?
2. Où est-ce que Muriel habite?
3. Où est ma trousse?
4. Où est-ce que les garçons fêtent leur anniversaire?
5. Où est le jardin?
6. Où est-ce que je trouve la cuisine?
7. Où sont nos livres?

Katharina Walter: Französisch an Stationen – 1. Lernjahr © Auer Verlag – AAP Lehrerfachverlage GmbH, Donauwörth

Station 7: Quel est ton livre préféré?

Page 66

Exercice 1

1.

	masculin	**féminin**
singulier	quel	quelle
pluriel	quels	quelles

Welches Mädchen?	Quelle fille?
Welche Männer?	Quels hommes?
Welche Tage?	Quels jours?

2.

Welcher Zug?	Quel train?
Welche Hotels?	Quels hôtels?
Welche Tür?	Quelle porte?
Welches Museum?	Quel musée?
Welche Bäckereien?	Quelles boulangeries?
Welche Röcke?	Quelles jupes?
Welche Jacken?	Quelles vestes?

Exercice 2

1. Quel âge as-tu?
2. Quelle heure est-il?
3. Tu habites dans quelle ville?
4. Quels livres est-ce que tu aimes?
5. Quels jeux est-ce que tu préfères?
6. Quel thé est-ce que Marc prend?

Station 8: Est-ce que ...

Page 67

Exercice 1

1. Est-ce que tu as un frère?
2. Est-ce que tu habites à Berlin?
3. Est-ce qu'elles sont dans le jardin?
4. Est-ce qu'elle s'appelle Marianne?
5. Est-ce que tes parents sont à la maison?
6. Est-ce qu'il a peur?
7. Est-ce que vous mangez des pommes de terre?
8. Est-ce que tu aimes faire de la musique?
9. Est-ce que les enfants vont à l'école?
10. Est-ce que l'école se trouve dans cette rue?

Station 9: Les questions

Page 69

Exercice 1

1. **Est-ce que** les jeunes vont faire une fête?
2. **Pourquoi** est-ce que tu vas arriver à huit heures?
3. **Qu'est-ce qu**'ils vont préparer pour la fête?
4. **Quand** est-ce qu'ils vont faire la fête?
5. **Où** est-ce qu'ils vont faire la fête?

Exercice 3

1. Quand est-ce que Pierre va arriver?
2. Qu'est-ce que tu vas apprendre?
3. Qui va arriver à la Gare du Nord à Paris?
4. Où est-ce que nous allons arriver?
5. Comment ça va?
6. Pourquoi est-ce que tu ne viens pas?

Station 1: Les articles

Page 70

Exercice 1

1. **des** tomates
2. **une** voiture
3. **une** école
4. **une** fille
5. **des** stylos
6. **une** banane
7. **un** journal
8. **une** maison
9. **un** jardin
10. **des** livres
11. **un** cahier
12. **un** sac à dos

Exercice 2

1. C'est un chien. C'est le chien de qui?
   C'est le chien de Sarah.
2. C'est une tarte. C'est la tarte de qui?
   C'est notre tarte.
3. C'est un sac (à main). C'est le sac (à main) de qui? C'est le sac (à main) de Miriam.
4. C'est un livre. C'est le livre de qui?
   C'est le livre de Tom et Lily.

Katharina Walter: Französisch an Stationen – 1. Lernjahr © Auer Verlag – AAP Lehrerfachverlage GmbH, Donauwörth

Station 2: A la/à l'/au/aux — Page 71

Exercice 1

1. Ils vont à l'école.
2. Ils vont au marché.
3. Ils vont au gymnase.
4. Ils vont au salon de coiffure.
5. Ils vont à New York.
6. Ils vont au théâtre.
7. Ils vont à l'église.

Station 3: De la/de l'/du/des — Page 72

Exercice 1

du	de la	de l'	des	
			×	tomates
×				pain
			×	pommes de terre
×				sel
		×		eau minérale
×				coca
×				sucre
×				café
	×			limonade
			×	légumes
	×			confiture
			×	pommes
			×	poires
			×	fruits
	×			salade

du	de la	de l'	des	
×				thé
			×	fleurs
		×		huile
×				jus d'orange

Exercice 3

1. Dans le frigo, il y a du jus d'orange.
2. Dans le frigo, il n'y a pas de café.
3. Dans le frigo, il n'y a pas de bananes.
4. Dans le frigo, il y a de la salade.
5. Dans le frigo, il y a du jambon.
6. Dans le frigo, il y a de l'eau.
7. Dans le frigo, il n'y a pas de confiture.
8. Dans le frigo, il n'y a pas de pain.
9. Dans le frigo, il y a des yaourts.
10. Dans le frigo, il n'y a pas de thé.

Station 4: Les pronoms personnels — Page 75

Exercice

1. **Il** donne beaucoup de devoirs aux enfants.
2. **Vous** avez soif?
3. **Elles** habitent à Paris.
4. **Il** ferme la porte.
5. **Elle** aime bien sa chatte Sandrine.
6. **Elles** peuvent rester chez nous?
7. **Ils** sont dans la cour.
8. **Elles** sont pour maman et toi.
9. **Nous** habitons dans la même rue.
10. Sandrine, **tu** viens?
11. **Elles** vont au cinéma avec leurs parents.
12. **Ils** ont huit ans.

Station 5: Les couleurs — Page 76

Exercice 1

1. blanc/blanche
2. jaune/jaune
3. rouge/rouge
4. orange/orange
5. brun/brune
6. blanc/blanche et noir/noire

Katharina Walter: Französisch an Stationen – 1. Lernjahr © Auer Verlag – AAP Lehrerfachverlage GmbH, Donauwörth

Station 6: Le corps I

Page 77

Exercice 1

1. c
2. h
3. b
4. i
5. a
6. j
7. d
8. g
9. f
10. e

Exercice 2

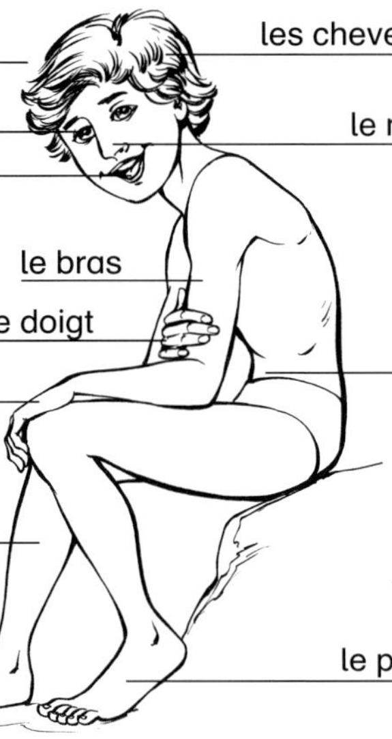

Station 7: Le corps II

Page 78

Exercice 1

vertical

1. bras
2. cou
3. pied
4. nez
5. yeux

horizontal

1. jambe
2. ventre
3. cheveux
4. dos
5. oreille

Station 8: Les vêtements

Page 79

Exercice 2

1. Ma mère achète une nouvelle écharpe.
2. Sarah porte un chemisier et une veste.
3. J'achète une nouvelle casquette.
4. Pierre porte un pantalon et un pullover jaune.
5. Jules porte son maillot de bain.
6. Marie et Lina regardent les nouvelles jupes.
7. Dans ma classe, personne ne porte une robe.

Station 9: Les adjectifs possessifs

Page 81

Exercice 1

1. son 2. tes, mes 3. sa, sa 4. mes, Tes 5. tes, ton
6. ma, mon, mes, ma, ma, mes

Exercice 2

1. ton, ta 2. mon, mes, ma, mon 3. ta, tes 4. Mes
5. notre, notre, ma, mon 6. leur, vos 7. Nos, notre
8. ta, ton 9. Leurs

Katharina Walter: Französisch an Stationen – 1. Lernjahr © Auer Verlag – AAP Lehrerfachverlage GmbH, Donauwörth